교황 프란치스코

교황 프란치스코
새 시대의 응답자

1판 1쇄 2013. 9. 27
1판 2쇄 2014. 1. 13

글쓴이 사베리오 가에타
옮긴이 강선남 **감수** 한동일
펴낸이 서영주
총편집 한기철
편집 김정희, 권용훈 **디자인** 김서영, 박지현
제작 김안순 **마케팅** 김용석 **인쇄** (주)세진

펴낸곳 성바오로
주소 서울특별시 강북구 오현로7길 20(미아동)
교회인가 2013. 6. 24 **SSP** 973
출판등록 7-93호 1992. 10. 6

취급처 성바오로보급소 **전화** 944-8300, 986-1361
팩스 986-1365 **통신판매** 945-2972
E-mail bookclub@paolo.net
http://www.paolo.net

값 9,000원
ISBN 978-89-8015-821-8

PAPA FRANCESCO
La vita e le sfide

Saverio Gaeta

"EDIZIONI SAN PAOLO s.r.l. - Cinisello Balsamo (MI)"
Korean translation copyright © 2013 by ST PAULS, Seoul, Korea

이 도서의 국립중앙도서관 출판시도서목록(CIP)은 서지정보유통지원시스템 홈페이지
(http://seoji.nl.go.kr)와 국가자료공동목록시스템(http://www.nl.go.kr/kolisnet)에서
이용하실 수 있습니다. (CIP제어번호: CIP2013017930)

이 책은 저작권법의 보호를 받으므로 무단전재와 무단복제를 금합니다.
이 책 내용의 전부 또는 일부를 재사용하려면 반드시 저작권자와 성바오로출판사의 동의를
얻어야 합니다.

교황
프란치스코

PAPA FRANCESCO **새 시대의 응답자**

사베리오 가에타 글
강선남 옮김 · **한동일** 감수

들어가는 말

사임 예고

2013년 3월 13일 수요일 저녁 7시경, 바티칸 시스티나 성당에 다시 한 번 "받아들입니다Accepto."라는 목소리가 울려 퍼졌다. 이것은 그때까지 아르헨티나 부에노스아이레스의 대주교였던 호르헤 마리오 베르골료Jorge Mario Bergoglio 추기경이 이제 막 자신을 새로운 교황으로 선출한 동료 추기경단의 뜻을 받아들인다는 전통적인 절차였다.

그렇게 가톨릭 역사에 제266대 교황이 탄생했다. 베르골료 추기경이 신임 교황으로 선출된 일은 예상치 못한 사건으로, 역사상 전례가 없는 장면들이 연출되었고 분명한 답을 알 수 없는 몇 가지 의문을 남겼다.

벌써 과거의 일이 되었지만, 새 교황이 선출되기까지의 시간은 가톨릭 신자뿐 아니라 전 세계 수많은 사람들의 마음에 아직도 생생하게 남아 있다. 로마에서 시작해 세상 끝에 이르는 교황의 목소리는 서로 다른 믿음을 가진 많은 이들에게 참된 가치를 수호하는 굳건한 교두보이며 의미 있는 외침이기 때문이다.

지난 2월 11일, 가톨릭 복자(성인품에 오르기 전 단계)의 시성(성인품)을 논의하기 위해 바티칸 교황궁에서 열린 추기경단 회의에서 베네딕토 16세 교황이 교황직 사임을 선언한 사건은, 추기경단 수석 추기경 안젤로 소다노Angelo Sodano의 표현대로, 그 회의에 참석한 열 명 남짓한 사람들에게만 '마른하늘에 날벼락'이 아니었다. 베네딕토 16세의 교황직 사임 소식은 순식간에 전 세계에 퍼졌고 각계각층에서 다양한 의견들이 나왔다.

교회법 전문가들에 의하면, 베네딕토 16세의 교황직 사임은 이와 관련해 역사상 처음으로 교회법 규정이 완벽하게 적용된 경우이다. 1983년 교회법 제332조 2항은 이렇게 명시하고 있다. "만일 교황이 그의 임무를 사퇴하려면, 유효성을 위하여 그 사임이 자유로이 이루어지고 올바로 표시된 것인지를 물을 수 있으나, 아무한테서도 수리될 필요는 없다."(교회법전 라틴어 원문)

실제로 베네딕토 16세는 사임을 선언하며 본인의 의사를 명확하게 표현했다. "저는 이 행위의 중대성을 잘 알고 있으며 전적인 자유의사로, 2005년 4월 19일에 추기경단의 손에 의해 제게 위임된 베드로 성인의 후계자인 로마 주교의 자리를 사임할 것을 선언합니다. 2013년 2월 28일 저녁 8시부터 로마좌, 성 베드로 자리는 공석이 될 것입니다." 이 순간부터 요제프 라칭거Joseph Ratzinger는 역사상 처음인 '명예 교황Papa emerito'이 되었다.

베네딕토 16세 교황, 라칭거는 자신의 행동에 대해 확신을 가지고 그 동기를 설명하였다. "하느님 앞에서 제 양심을 거듭 성찰한 결과, 저는 고령으로 인해 제 능력으로는 베드로 후계자의 사명을 적절하게 수행할 수 없다는 생각이 확고해졌습니다. 이 사명은 영적인 본질을 지니고 있으므로, 단순히 말과 행위뿐 아니라 고난과 기도로 수행해야 합니다. 특히 오늘날, 놀라운 속도로 변화하는 세상에서 믿음의 삶에 중요한 것이 무엇인지에 대한 질문이 제기되는 이 시대에, 성 베드로의 배를 저어 가고 복음을 선포하기 위해서는 육신과 정신에 모두 강건함이 필요합니다. 그러나 최근 몇 달 동안 저는 부쩍 쇠약해져서 제게 맡겨진 일을 잘 수행하기에 부족함을 느낄 수밖에 없었습니다."

베네딕토 교황의 이 결정이 극소수의 사람에게만 전격적으로 알려졌다는 사실은 그날 회의에 많은 추기경들이 참석하지 않았음을 시사한다. 그들은 자신들의 직무, 곧 예정된 다른 약속들을 수행하느라 바빠서 추기경단 회의에 불참했다. 오트란토Otranto 순교자들(1480년 오스만 제국의 이탈리아 남동부 오트란토 침공 당시 이슬람교로의 개종을 거부한 시민들로, 구두 수선공 안토니오 프리말도 외에 무명 순교자 총 813명이 순교했다. 교황 프란치스코는 2013년 5월 12일 주일 로마 성 베드로 광장에서 남미 출신 수녀 2명과 함께 그들을 시성했다.-편집자 주)이 포함된 복자들의 시성 논의는 중요한 일이었지만, 어떻게 보면 추기경들의 일상적 임무 가운데 하나이기도 했기 때문이다. 교황의 뜻을 처음 알게 된 소수의 사람들로는, 바티칸 교황청 국무원장인 타르치시오 베르토네Tarcisio Bertone 추기경과 교황 특별 비서 게오르그 겐스바인Georg Gänswein 몬시뇰 외에 하루 전에 소식을 들은 추기경단 수석 추기경 안젤로 소다노Angelo Sodano, 그 다음 주에 있을 사순절 영신수련 강론을 맡아 불려온 잔프랑코 라바시Gianfranco Ravasi 추기경, 그리고 관례에 따라 2월 9일 토요일 오후에 교황의 사임 소식을 접한 교황청 주교성 장관 마크 웰렛Marc Ouellet 추기경 등이다.

베네딕토 16세의 결정은 고심을 거듭한 결과였고, 그는 그 결정에 이르기까지 겪은 내면의 갈등을 숨기지 않았다. 2월 17일 안젤루스(여기서 안젤루스Angelus란 삼종기도의 라틴어 첫마디 "Angelus Domini nuntiavit Mariae …"에서 유래한 것으로, 교황의 대외 활동이 없는 한 통상 주일 바티칸 광장에 모인 신자들의 일반 알현이 끝나고 바치는 삼종기도를 말한다. – 편집자 주)에서 그는 예수님께서 광야에서 유혹을 받은 이야기를 하면서, 자신의 교황직 사임 의지가 스스로 이끌린 유혹은 아니었는지 의심한 순간이 있었음을 시사했다. "유혹을 받을 때 믿음은 시험대에 오릅니다. 그것은 하느님을 시험하는 것이기 때문입니다. 우리는 살면서 결정적인 순간뿐 아니라 매순간 어느 한쪽을 선택해야 하는 갈림길에 서게 됩니다. 나 자신을 따를 것인지 하느님을 따를 것인지 선택해야 하고, 그것이 개인적 이로움인지 참된 선인지를 판단해야 합니다."

베네딕토 16세는 2월 27일 마지막 일반 알현에서 다음과 같이 말했다. "최근 몇 달 동안 제 건강이 적잖이 쇠약해졌습니다. 그래서 저는 기도하면서 하느님께 저를 위해서가 아니라 교회의 선을 위해 가장 올바른 결정을 할 수 있도록 그분의 빛을 비추어 주시기를 청했습니다. 저는 제 행보가 지극히 중대하다는 것과 전례 없는 일임을 자각하면서 평온한 마음으로 식별 과정을 거쳤습니다. 교회를 사랑한다는 것은, 자기 자신이 아니라 교회의 선을 생각하면서 어렵고 고통스러운 선택을 할 용기가 있다는 뜻이기도 합니다."

교황의 이러한 통찰은 초자연적이거나 신비로운 계시의 성격을 지닌 것은 아니다. 그렇지만 교황은 자신이 품은 의문에 대해 하느님의 확고한 뜻이라 할 수 있는 내적 확신을 얻었다. 2월 24일 삼종기도에서 교황이 이렇게 표현한 것을 보면 그런 확신을 얻은 것이 분명해 보인다. "주님께서 제게 '산 위에 오르라'고, 기도와 묵상에 더욱 전념하라고 하십니다. 그것은 교회를 저버리라는 뜻이 아닙니다. 하느님께서는 제게, 지금까지 노력해 온 것과 같은 헌신과 사랑으로 제 나이와 건강에 맞게 교회를 섬기는 일을 계속하라는 뜻을 보이시며 그 요청을 하십니다." 그는 2월 27일 알현에서 "저는 십자가를 저버리지 않습니다. 다만 새로운 모양으로 주님의 십자가 옆을 지킬 것입니다."라고 말했다.

교황이 루르드의 복되신 동정 마리아 축일에 그리고 새 순교복자들의 시성 선언 뒤에 교황직 사임을 선언한 사실과, 파티마의 세 번째 비밀의 말씀을 읽으면서 '산'과 '십자가'를 언급한 것은 어떤 이들에게는 예언자적 목소리로 들렸다. 파티마의 말씀은 루치아 수녀가 본 내용을 전한다. "(교황으로 생각되는) 하얀 옷을 입은 주교님이 가파른 산을 오르고 있었습니다. 그 산 꼭대기에는 껍질만 남은, 코르크나무처럼 투박하고 커다란 나무 십자가가 세워져 있었습니다. 우리가 그곳에 다다르기 전에 그분은 반쯤 파괴된 채 무너질 듯 위태롭게 진동하는 큰 도시를 지나갔습니다. 고통과 슬픔으로 고뇌하면서 그분은 가는 길에 놓인 시신들의 영혼을 위해 기도했습니다. 그렇게 산꼭대기에 이르러 그 큰 십자가 아래 무릎을 꿇자 한 무리의 군인들이 쏜 총과 화살에 그분은 죽임을 당했습니다. …그 십자가 아래 좌우에 두 천사가 수정의 성 유물함을 들고 순교자들의 피를 받아 모아 하느님께 올라가는 영혼들에게 그 피를 뿌려 주었습니다."

또 다른 이들은 교황이, 2009년 4월 6일 지진이 발생한 아퀼라Aquila를 방문한 일(28일)을 두고 파티마의 예고와 일치한다고 했다. 당시 교황은 콜레마조 주교좌성당(Basilica di Collemaggio, 아퀼라 시 소재)에 있는 교황 첼레스티노 5세의 무덤을 방문해 경의를 표하면서, 착한 목자의 직무와 권위를 나타내기 위해 제의 위 목과 양 어깨에 둘러 착용하는 흰색 팔리움[1]을 벗어 무덤 위에 올려놓았다. 첼레스티노 5세는 교황직에 오른 지 백 일 남짓 지난 1294년 12월 13일에 정치적 이유로 교황직을 사임했다('위대한 거부' gran rifiuto).

베네딕토 16세는 마지막 일반 알현에서 8년 가까운 기간 수행한 교황직

---

[1] 라틴어 팔리움Pallium은 장엄 미사성제 때 제의 위에 입는 어깨에 걸치는 견대肩帶로 최고의 주교 권위와 존엄을 드러냄과 교회와 통교를 나타내는 상징이다. 서방교회에서는 현직 대주교의 표지이며 삼중관을 없앤 후에 팔리움을 착복하는 것은 로마의 주교좌를 받아들이는 전례의 표지가 되었다. -「전례 사목 사전」(수원가톨릭대학교 출판부, 534쪽)과「전례사전」(가톨릭출판사, 477쪽) 참조

을 뒤돌아보며 특별히 자신이 베드로의 직무를 받아들인 순간을 언급했습니다. "그때 제 심장에서 이런 말이 울려 나왔습니다. '주님, 왜 제게 이런 요구를 하십니까? 제게 무엇을 원하십니까? 이는 진정 제 어깨 위에 무거운 짐을 올려놓는 일입니다. 그러나 당신께서 제게 이것을 요구하신다면, 당신께서 말씀하신 그 이상으로 이 일을 올바로 수행하겠습니다. 저는 여러 모로 부족하지만 당신께서 저를 인도하시리라 믿습니다.' 이제 그때로부터 8년이 지난 뒤에 저는 주님께서 저를 인도하셨고, 주님께서 제 가까이 계셨으며, 매일의 삶에서 제가 그분의 현존을 느꼈다고 여러분에게 말할 수 있습니다." 그리고 이어서 말했다. "교회의 길에는 기쁨과 빛이 가득한 순간뿐 아니라 어려운 때도 있었습니다. 저는 베드로 성인과 같이 사도들과 함께 갈릴래아 호수에서 배를 타고 있는 것처럼 느꼈습니다. 주님은 우리에게 햇볕과 부드러운 산들바람이 부는 많은 날을 허락하셨습니다. 그런 날에 우리는 많은 물고기를 잡았습니다. 하지만 교회의 역사가 항상 그러했듯이, 파도가 거세고 바람이 사나운데 주님은 주무시고 계시는 것처럼 보이는 날들도 있었습니다. 그러나 **저는 주님이 늘 그 배 안에 계시다는 사실과 교회라는 배는 제 것도 우리 것도 아니고 오직 그분의 것이라는 사실을 잊지 않았습니다.** 주님은 배가 가라앉도록 버려두지 않으십니다. 그분께서 원하시는 대로 그분이 택하신 사람들을 통해 그 배는 움직이지만 배를 이끄시는 분은 분명 그분이십니다. 이는 결코 흔들릴 수 없는 확신입니다."

교황의 여름 별장인 카스텔 간돌포(Castel Gandolfo, 로마에서 남동쪽으로 24 km 떨어진 분화호가 있는 작은 도시)의 교황궁 중앙 발코니에서 행한 베네딕토 16세의 고별사는 그가 온전히 자신을 낮추는 자세를 잘 보여 준다. "저는 그저 지상 순례의 마지막 길을 시작하는 사람에 지나지 않습니다." 그러나 자신의 뒤를 잇는 교황 계승자가 어려운 직무를 감당해야 할 때, 전임 교황 복자 요한 바오로 2세가 하늘에서 바치는 전구와 베네딕토 16세 자신이 땅에서 바치는 기도가 신임 교황에게 생명의 양식이 될 것임을 분명하게 선언했다.

차례

들어가는 말 사임 예고 _04

1부 생애 하느님의 계획에 의한 삶 _15

이민자 가족 _17
뿌리에 대한 기억 _20
소명의 발견 _23
아르헨티나 군사 독재 시절 _27
예수와 마리아의 상징이 담긴 교황 문장 _31
사람들과 함께한 추기경 _35
사람을 배려하는 사목 활동 _39
판자촌(빈민촌)의 버스 _44
2013년 3월 13일의 흰 연기 _48
교황의 첫 행보 _54

2부 사상 신앙의 문턱을 넘어서다 _59

추기경의 열 가지 생각 _65
교회와 세계의 미래 _71

3부 도전 미래를 위한 열 가지 매듭 _75

신앙의 해와 공포公布되지 않은 교황 회칙 _79
교황청의 개혁 _82
바티리크스 파문 _85
주교단의 단체성과 공동 책임 _88
아동 성범죄와의 싸움 _90
바티칸은행의 재정 문제 _92
이슬람과 유다교의 대화 _95
전통주의자들을 향한 개방 _98
메주고리예 조사위원회 _101
선임자와의 '동거' _103

부록 교황과 대립교황 _108
참고 자료 _128

1부
생애

하느님의 계획에 의한 삶

이민자 가족

브리코 마르모리토는 이탈리아에 있는 작은 마을이다. 피에몬테 주 아스티 중심부에서 북쪽으로 10㎞ 떨어진 포르타코마로 스타지오네 지역에 위치한 동네로, 주민은 불과 몇 백 명밖에 안 된다. 이곳에 교황 프란치스코의 친척이 살고 있다. 몬훼라토 산 아래 있는 이곳은 지금은 포도주 생산지로 유명하지만, 1900년대 초반에는 한 가족이 먹고 살기 어려울 정도로 경제가 낙후된 곳이었다. 1889년에 출간된 에드몬도 데 아미치스Edmondo De Amicis의 「대서양에서Sull'oceano」라는 책에서 어느 농부가 "나는 먹고 살기 위해서 이민을 간다."라고 한 말은 라틴 아메리카로 이민을 가는 이탈리아인들의 현실을 단적으로 표현하고 있다.

1929년 1월, 많은 이탈리아인들이 보다 나은 삶을 찾아 대서양을 건너 아르헨티나 부에노스아이레스 항구에 도착했고, 그 가운데 베르골료Bergoglo 가족도 있었다. 고향에서 작은 집을 지니고 제과점을 운영하던 베르골료 가족은 다른 나라로 이민을 갈 정도로 생활이 어렵지는 않았다. 하지만 아르헨티나로 먼저 간 친척들의 강력한 권유가 있었고, 떨어져 사는 형제들과 다시 모여 함께 살고 싶은 간절한 마음에 아마 이민을 결심했을 것이다.

베르골료 가족이 이탈리아를 떠날 때는 한겨울이었지만, 남반구 끝에 위치한 아르헨티나는 한여름이었다. 그래서 할머니 로사 마르게리타 바살로Rosa Margherita Vasallo가 입은 겨울용 가죽 외투는 무척 우스워 보였다. 그러나 할머니는 외투를 벗고 싶은 마음을 꾹 참았다. 남편 조반니 안젤로Giovanni Angelo와 그녀는 아르헨티나에서 앞으로 마주할 미지의 세계에 대비해서 그동안 열심히 모은 돈을 외투 안쪽에 단단히 숨기고 있었기 때문이다. 그 돈은 그들 부부와 미래에 교황의 아버지가 될 24세 된 아들 마리오 주세페 프란치스코Mario Giuseppe Francesco가 이제 막 첫발을 디딘 땅에서 살아가는 데 쓸 소중한 돈이었다.

조반니 안젤로의 형제 셋은 이미 1922년에 부에노스아이레스로 이민을 와서 도로포장 작업을 하는 회사를 운영하고 있었다. 그들 형제는 직접 4층짜리 주택을 지어 각기 한 층씩 나누어 살았는데, 그 건물은 그 도시에서 처음으로 승강기가 설치되어 있어 사람들의 눈길을 끌었다. 그것은 도시의 명물이 되었다.

그러나 1929년에서 1932년 사이에 닥친 경제 위기는 그들 가족에게도 막대한 영향을 끼쳐 결국, 회사 문을 닫을 수밖에 없는 상황에 이르렀다. 회계를 담당하며 회사 운영을 맡았던 조반니 안젤로는 얼마 뒤에 형제 한 사람과 가게를 차려 운영하다가 다른 회사에 일자리를 구하게 되었다.

1934년 조반니 안젤로의 아들 마리오 주세페 프란치스코는 장래 아내가 될 레지나 마리아 시보리Regina María Sivori를 만났다. 그는 아르헨티나인 아버지와 이탈리아 피에몬테 출신 어머니에게서 태어난 그녀를 알마그로Almagro 지역의 산 안토니오 살레시오 성당에서 미사 참례를 하며 알게 되었다. 두 사람은 1935년 12월 12일에 결혼했고, 1936년 12월 17일에 호르헤 마리오Jorge Mario를 낳았다. 이어서 남동생 알베르토 오라시오Alberto Horacio와 오스카 아드리안Oscar Adrián, 여동생 마르타 레지나Marta Regina와 마리아 엘레나María Elena가 태어났다. 지금은 마리아 엘레나만 생존해 있다.

부에노스아이레스의 서쪽 중심지 플로레스의 아파트에 사는 사람들은 이탈리아 피에몬테 지방 언어를 버리지 않았다. 어린 호르헤 마리오도 아르헨티나의 공용어인 스페인어와 함께 피에몬테 말을 사용했다. 할머니 로사 마르게리타는 아들 부부가 바쁠 때 손자 호르헤 마리오를 자주 돌봐 주었다. 그래서 교황 프란치스코는 할머니를 늘 '자신의 마음 깊이 남아 있는 분'이라고 말한다.

교황 프란치스코가 간직한 어린 시절 추억 가운데, (노래로도 불려지는) 이탈리아 토리노 출신의 시인 니노 코스타Nino Costa의 '라사 노스트라나Rassa nostrana'라는 시가 있다. 교황은 지금도 그것을 외울 정도로 잘 기억하고 있다. 그 시의 마지막 부분은 당시 이민자들의 고된 삶과 운명을 잘 표현하고 있다. "하여 한 절기 손실로 망치고 노동으로 상하거나 발병 나는 것보다 더 힘겨운 것은, 낯선 타향의 성당 뒤뜰 차가운 묘지로 이름도 없이 사라지는 것이리니(Ma il più delle volte una stagione perduta / o una febbre o un malore legato al suo mestiere / l'inchioda dentro una nuda tomba / sperduta in un camposanto straniero)."

뿌리에 대한 기억

2005년에 열린 콘클라베2)에 참석하면서 당시 대주교 베르골료 추기경은 이탈리아에 머무는 동안 아버지의 고향을 방문할 수 있었다. 그는 2010년에 그때를 회상하며 이렇게 말했다. "저는 아버지의 고향에서 피에몬테 말을 하면서 제 집에 있는 것 같은 기분이 들었습니다. 그곳에 사는 할머니 형제 한 분과 그 자손들과 사촌형제들을 만났습니다. 사촌 누이들 가운데 제일 나이가 많은 이가 78세였는데, 그를 만나 보니 늘 보던 사람처럼 느껴졌습니다. 저는 식탁을 차리면서 부엌일을 도왔습니다."

사촌 자매들 가운데 막내인 주세피나 라베도네Giuseppina Ravedone도 그때 일을 이렇게 들려주었다. "당시 대주교였던 베르골료를 위해 사촌 형이 토리노 시내 특급 호텔에 방을 예약해 두었는데, 그는 내켜 하지 않으며 그런 데서는 잠을 잘 수 없다고 계속 말했어요. 비록 사촌 형이 숙박비를 낸다 해도 호텔 같은 곳은 자기가 머물 곳이 아니라고 했지요. 그래서 그 후로는 호르헤 마리오(베르골료)가 우리 부부와 친척들

---

2) '자물쇠로 채워진 방'이란 의미로 교황을 선출할 추기경단이 선거장에 들어가면 교황이 선출될 때까지 일체 외부와 단절되어 그 안에서 일어나는 모든 것은 완전히 비밀로 한다. 장소는 바티칸 내의 시스티나 성당이다. – 편집자 주

을 만나러 올 때는 손님방이 있는 사촌 카를라Carla 집에 머물렀어요."

호르헤 마리오는 어릴 때 아버지와 자주 카드놀이를 했다. 토요일 오후에는 어머니와 함께 라디오에서 흘러나오는 오페라를 들었으며, 주일에는 온 가족이 산 로렌조 경기장에 갔다. 그곳은 살레시오회의 로렌조 마사Lorenzo Massa 신부가 1908년에 세운 축구 클럽인데, 그는 거기서 청년 시절부터 축구와 농구 연습을 했다.

어린 시절에 가족과 많은 시간을 함께한 교황 프란치스코는 언젠가 이렇게 말했다. "고해성사를 보러 오는 젊은 아버지들에게 저는 자녀들과 놀아 주느냐고 항상 묻습니다."

호르헤 마리오는 학교에서 돌아오면 어머니의 부엌일을 도왔다. 다섯째 아이를 낳고 그의 어머니는 다리에 마비 증상이 와서 거동이 불편했다. 그래서 어머니가 식탁 위에 요리 재료를 준비해 놓으면, 아이들은 어머니가 일러 주는 대로 음식을 만들곤 했다. 이런 경험은 그가 나중에 신학교 학장으로, 그리고 주교가 되어 혼자 생활할 때 큰 도움이 되었다.

1943년부터 1948년까지 호르헤 마리오는 안토니오 체르비뇨Antonio Cerviño 초등학교를 다녔다. 그곳에서는 재학 시절 그의 성적을 지금까지 보존하고 있는데, 현재 교장인 에페 록사나 도밍구에즈Efe Roxana Domínguez는 호르헤 마리오의 학생 시절에 관해 이렇게 말했다. "그는 늘 여러 과목에서 충분한 수학 능력을 보였습니다. 산수·기하학·역사·지리·미술 등에서 좋은 성적을 거두었지요. 하지만 그때는 학교 성적을 점수나 등급으로 매기지 않고 그냥 '충분' 또는 '불충분'으로 표기

했습니다."

호르헤 마리오가 열 살 무렵에 여자 친구였던 아말리아 다몬테Amalia Damonte도 그에 관한 추억을 들려주었다. 어느 날 호르헤 마리오가 빨간 지붕의 하얀 집을 그린 종이를 그녀에게 건네며 이렇게 말했다고 한다. "우리가 결혼하면 나는 이런 집을 살 거야. 만일 네가 나와 결혼하고 싶지 않다고 하면 나는 신부가 될 거야." 당시 아말리아 다몬테는 호르헤 마리오에게 아무 대답도 하지 않았다. 그 그림은 결국 그녀의 엄마 손에 들어갔고, 그녀의 부모는 딸에게 그를 더 이상 만나지 말라고 했다.

초등학교를 졸업하고 13세에 호르헤 마리오는 중학교에 들어갔는데, 아버지는 그에게 직물 공장에서 일해 보라고 했다. 그곳에서 그는 회계 일을 도우면서 약간의 용돈을 벌었다. 2년 동안 청소를 도맡아서 했고 다음 해에는 공장 운영 업무에도 참여하게 되었다. 그 후에는 식품화학을 공부하는 기술산업학교에 등록해서 아침 7시부터 오후 1시까지 공장에서 일을 하고, 오후 2시부터 8시까지는 학교에서 공부를 했다.

호르헤 마리오는 산 호세 드 플로레스San José de Flores 본당에 다니며 주일 미사에 참례했다. 그는 친구가 많았고 그중에는 결혼을 생각하는 여자 친구도 있었다. 친구들과 탱고와 밀롱가 같은 춤을 추러 다녔던 그는 "저는 춤추는 것을 아주 좋아합니다. 춤을 추면 제 안에서 무언가 저를 끌어올리는 것 같습니다."라고 고백했다. 그가 좋아하는 예술가로는 후안 다리엔조Juan D'Arienzo, 훌리오 소사Julio Sosa, 아스토르 피아졸라Astor Piazzolla, 아멜리타 발타르Amelita Baltar 등이 있다.

소명의 발견

 1953년 흔히 청소년기에 그러하듯이, 17세가 된 호르헤 마리오의 신앙심도 확고하지 못했다. 학생 축제일이며 성 마태오 축일인 9월 21일에 그는 성당에 잠시 머물기로 결심했는데, 그곳에서 전에 본 적이 없는 어떤 사제를 만났다. 그 신부는 호르헤 마리오에게 강렬한 영성을 전해 주었다. 그는 그 신부에게 고해성사를 보았고, 그의 심장에 사제가 되라는 부르심이 들어왔다. "그것은 나를 기다리고 있던 어떤 사람과 만난 것 같은 충격이었습니다."라고 교황은 그 순간을 이야기했다.

그러나 이 소명의 확신은 곧바로 실행에 옮겨지지 않았다. 호르헤 마리오는 그 뒤 몇 년 사이에 화학기술자 자격증을 얻고 식품 분석 연구실에서 일을 했는데, 20세 되던 해에 갑자기 병에 걸렸다. 중증 폐렴이었다. 고열에 시달리며 사흘 동안 그는 삶과 죽음의 문턱을 넘나들었다. 치료약을 복용해도 효과가 없자 결국 오른쪽 심장 윗부분을 잘라내는 수술을 받았다. 수술은 그의 몸을 정상으로 돌아오게 만들기 위한 고통스러운 치료 방법이었다. 그 힘든 시기에 많은 사람들이 그를 위로해 주었다. 특히 어릴 때 첫영성체를 준비해 주었던 수녀의 말은 유일하게 그 고통의 의미를 이해할 수 있게 도와주었다. "너는 지금 예수님이 겪은 고통을 뒤따르고 있는 거야." 우연의 일치이겠지만, 그 수녀의 이름은 고통을 뜻하는 돌로레스 토르톨로Dolores Tortolo였다. 그 수녀는 동료 수녀에게 "저 애는 아주 높이 올라갈 거야."라고 말했다고 한다.

그리고 얼마 지나지 않아 호르헤 마리오는 부에노스아이레스 교구의 빌라 데보토Villa Devoto 신학교에 들어가기로 결정했다. 몇 달이 지난 1958년 3월 11일 그는 예수회의 청원자가 되었다. 호르헤 마리오의 결정에 가족의 반응은 조금씩 달랐다. 아버지는 만족해했으나, 어머니는 서운해했고 오랫동안 아들의 빈자리를 느껴야 했다. 제일 기뻐하고 감격한 사람은 할머니였다. "잘했다. 하느님께서 너를 부르신다면 복 받은 것이지." 하면서 실질적인 조언도 덧붙였다. "그렇지만 네가 돌아올 수 있는 우리 집 문이 항상 열려 있다는 것을 잊지 마라. 네 생각이 바뀐다 해도 아무도 너를 책망하지 않을 거야."

호르헤 마리오는 갓 21세였고, 예수회에서 사제품을 받기까지는 갈 길이 멀었다. 더욱이 종신 서원을 하려면 오랜 시간이 필요했다. 예수회 공동체는 우선 그를 칠레에 보내서 인문학의 기초를 쌓도록 했다. 그런 다음 그는 1963년 다시 아르헨티나로 돌아와 산 미구엘 마시모 신학교Collegio Massimo di San Miguel에서 철학 공부를 했다. 철학사 학위에 이어 신학 공부를 해서 1970년 신학사 학위도 받았다. 그는 공부하면서 학생들도 가르쳤다. 1964년과 1965년에 산타페Santa Fe의 임마쿨라타 신학교Collegio dell'Immacolata에서 문학과 심리학을 가르쳤고, 1966년에는 부에노스아이레스의 살바토레 신학교Collegio del Salvatore에서도 같은 과목을 가르쳤다.

1969년 사제품을 받기 얼마 전 그는 특별한 영적 순간을 경험했는데, 그것은 강렬한 기도로 열매를 맺었다. 베르골료는 추기경이 되고 나서 그 기도를 되새길 필요가 있다고 생각하며 다음과 같이 밝혔다. "저를 당신 아들로 사랑하시는 아버지 하느님을 믿고 싶습니다. 제가 웃으며 살아가도록, 저를 영원한 생명의 나라로 이끌어 주시기 위해 제 삶에 당신의 영을 불어넣어 주신 주 예수님을 믿고 싶습니다. 9월 21일 봄날(아르헨티나의 계절)에 하느님께서 저를 사랑으로 바라보시는 그 눈길이 제 삶 안에 들어왔음을 믿습니다. 그것을 따르라고 저를 초대하기 위해 온 것입니다. 이기심, 제가 그 안으로 도피하는 이기심 때문에 열매 맺지 못하는 제 고통을 믿습니다. 주지는 않고 …주지 않은 채 끊임없이 받으려고만 하는 제 영혼의 소심함을 믿습니다. 종교적인 삶을 믿습니다. 제가 많이 사랑하고자 함을 믿습니다. 일상의 죽음, 순교를 믿습니다. 저는 거기에서 도망치려고 애쓰지만, 그것은 받아들이라고 초대하면서 제게 미소 짓습니다. 여름밤처럼 저를 안아 주시며 선하신 하느님의 오랜 참으심을 믿습니다. 돌아가신 아버지가 하늘에서 주님과 함께 계심을 믿습니다. 두아르테 신부 역시 그곳에 있으며 제 사제직을 위해 전구해 주심을 믿습니다. 저를 사랑하고 결코 저를 혼자 두지 않으실 제 어머니 마리아를 믿습니다. 그리고 사랑과 힘, 배신과 죄로 그려지는 일상의 놀라움을 기다립니다. 그러한 매일의 일상사는, 어떤 모습일지 알지 못하는 놀라운 그 얼굴을 마침내 제가 보게 될 그때까지 제 주변에서 일어날 것입니다. 그 얼굴에서 저는 계속 도망치고 있지만 제가 그 얼굴을 얼마나 알고 싶고 사랑하고 싶어 하는지요. 아멘."

1969년 12월 13일에 드디어 그는 사제품을 받는다. 마침내 그의 어머니도 그가 부르심을 받은 은총을 전적으로 받아들였고 서품식 끝에 아들 앞에서 무릎을 꿇으며 이제 막 신부가 되어 강복을 준 그의 손에 입을 맞추었다. "저는 호르헤 베르골료 신부입니다. 사제가 된 것이 기쁩니다." 2010년 인터뷰를 묶어서 낸 책 「예수회El jesuita」에서 그는 모르는 사람들에게 자신을 어떻게 소개하겠느냐는 질문에 이렇게 대답했다.

그날 그의 할머니는 베르골료에게 편지를 한 장 주었는데, 교황 프란치스코는 그것을 성무일과서 안에 넣어 간직하고 있다. 그 편지에는 할머니가 손자들에게 해 주고 싶은 축복의 말이 적혀 있었다. "나는 너희들이 오랫동안 행복한 삶을 살기를 기원한다. 하지만 언젠가 질병이 들거나 사랑하는 사람을 잃어 고통스런 나날들이 닥쳐 낙담케 되거든 가장 흠숭하올 순교자가 모셔진 감실3) 앞에서 마리아의 길고 긴 숨을 떠올려 보도록 해라. 거기 십자가 아래 마리아의 시선이 머문 곳을, 그 깊고 형언할 수 없이 쓰라린 깊은 상처 위에 한 방울의 향유(눈물)도 흘릴 수 없었던 성모를 기억하렴."

---

3) 감실은 성전에서 가장 중요한 제대 앞이나 측면에 성체가 모셔진 곳이다. 혹은 교우들은 흠숭과 기도를 바치기에 적합한 곳에 대좌나 선반에 설치하여 감실을 모신다. 감실 안에는 성체가, 감실 옆에는 성체등이 항상 켜져 있어야 한다.

아르헨티나 군사 독재 시절

1970년과 1971년 두 해 동안 예수회 공동체는 호르헤 마리오 신부를 스페인의 알칼라 데 헤나레스Alcalá de Henares로 파견해서 마지막 수련기를 보내게 했다. 그런 다음 그는 빌라 바릴라리Villa Barilari에서 예수회의 청원자 수련 담당자, 산호세 신학교 교수, 예수회 관구장과 산 미구엘 마시모 신학교 학장을 역임했다. 베르골료의 학교 친구이자 현재 마시모 신학교에 재직 중인 호세 마리아 상José María Sang 신부는 그에 대해 다음과 같이 말한다. "그는 높은 영성을 지닌 사람으로서 무척 진지하며 강의 준비를 많이 하는 교수였습니다. 그리고 새 교황을 보수주의자 혹은 진보주의자의 어느 한 범주에 넣으려고 하는 사람들은 중요한 점을 잃어버리게 됩니다. 그러한 용어는 정치적이지 종교적인 것이 아니기 때문입니다. 그보다는 오히려 베르골료가 주교가 된 이후에 한 일들을 눈여겨보는 것이 좋습니다. 가난한 사람들과 거처가 없는 사람들에 대한 관심이 곧 그것입니다. 이것이 바로 예수회원들의 접근 방식입니다."

1973년 4월 22일에 베르골료는 종신 서원을 했고, 1973년 7월 31일에 6년 임기의 아르헨티나 예수회 관구장으로 선출되었다. 그를 따라다니던 중상모략은 베르골료가 관구장이던 시절과 관련이 있다. 당시 아르헨티나는 1976년부터 1983년까지의 군사 독재가 시작되던 때였고, 베르골료가 예수회의 가장 진보적인 사제들의 활동을 방해했다는 비난이 있었다. 심지어 그가 동료 사제 두 명이 체포된 데 도덕적 책임이 있다고까지 했다.

베르골료가 교황으로 선출되던 날, 아르헨티나의 평화정의위원회 회장이었으며 노벨평화상 수상자인 알폰소 페레즈 에스퀴벨Alfonso Pérez Espuivel이 베르골료에 대한 비방을 바로잡기 위해 영국 BBC 방송에 나왔다. "독재 정권에 공모한 주교들이 있었습니다. 그러나 베르골료는 그러지 않았습니다." 그는 이어서 "베르골료가 두 명의 예수회 사제를 감옥에서 구하는 일에 적절하게 행동하지 못했다는 이의가 제기됩니다. 그러나 나는 많은 주교들이 감옥에 갇힌 사람들과 사제들의 석방을 군사 정권에 요구했으나 거절되었음을 잘 알고 있습니다."라고 밝혔다.

2000년에 선종한 오를란도 요리오Orlando Yorio 신부와 함께 5개월 동안 아르헨티나 군사 정권에 의해 감금되었던 예수회의 프란치스코 할릭스Francisco Jalics 신부는 다음과 같이 공개적으로 자신의 입장을 표명했다. "저는 그 사건과 화해를 했고 이제 그 일은 제게 과거의 일입니다. 우리가 감금에서 풀려난 뒤 저는 아르헨티나를 떠났습니다. 몇 년이 지나서야 비로소 우리는 베르골료 신부와 그 사건에 관해 말할 수 있는 기회를 얻었습니다. 그가 부에노스아이레스의 대주교로 지명된 뒤였습니다. 그와 대화한 뒤에 우리는 신자들과 함께하는 미사를 같이 집전했고 진정으로 서로를 안아 주었습니다."

최근 한 인터뷰에서 베르골료 추기경은 그 일을 강조했다. "정당 정치인들 대다수를 포함한 거의 모든 사람이 1976년의 아르헨티나 쿠데타를 승인했습니다. 제가 틀리지 않다면, 유일하게 그것을 승인하지 않은 정당은 혁명 공산당이었습니다. 그리고 그들도 결국에는 공조하리라는 것을 아무도 의심하지 않았습니다. 일어난 일은 모두 실제입니다. 아무도 거기에서 발을 뺄 수 없습니다. 저는 교회가 한 것처럼 정당과 다른 단체들도 용서를 구하기를 기다리고 있습니다. 교회는 1996년에 주교단의 양심성찰을 거쳐, 2000년 대희년4)을 맞아 우리의 잘못을 고백하는 '내 탓mea culpa'이라는 성명을 발표했습니다."

그때 아르헨티나 주교들은 한 목소리로 다음과 같이 분명하게 선언했다. "역사의 여러 순간에 우리는 전체주의에 관대한 자세를 취했습니다. 그것은 인간 존엄성에서 우러나오는 자유 민주주의에 상처를 입히는 것이었습니다. 행동으로 또는 태만으로 우리는 형제의 권리를 수호하기 위한 노력을 충분히 하지 않은 채 그들을 차별했습니다. 그러니 우리는 이제 역사의 주님이신 하느님께 간청합니다. 저희의 뉘우침을 받아 주시고 민족의 상처를 치유해 주십시오. 오, 아버지, 저희는 당신 앞에서 그 비극적이며 잔인한 행동들을 기억해야 할 의무가 있습니다.

---

4) 교황 요한 바오로 2세는 2천년을 대희년으로 선포했다. 유다인들은 7년마다 안식년을 지내면서 빚을 탕감해주고 노예를 해방한다(신명 15,1-2 참조). 안식년을 일곱 번 하면 49년이 되고, 그 다음 50년째 해를 희년으로 삼는다(레위 25,8-13 참조). 대희년은 지난 천년기를 마감하고 새로운 천년기가 시작되는 역사적인 해로 그에 합당한 준비를 하도록 촉구한다. 그 준비는 우주 만물의 근원이신 하느님께 신앙을 새롭게 하고 예수 그리스도 안에서 실현된 정신을 펼치기 위해서이다(『희년의 기원』, M. 차펠라 편저, 박요한 영식 옮김, 성바오로, 1999 참조).

하느님, 책임이 있는 사람들이 침묵한 것과 수많은 당신 자녀들이 정치적인 충돌에 뛰어든 것을 용서해 주시기를 청합니다. 자유에 반한 폭력, 고문과 밀고, 정치적 박해와 이념적 비타협, 분쟁과 전쟁, 이 나라를 피로 물들이며 터무니없는 죽음에 이르게 한 모든 일들을 말입니다. 선함과 사랑으로 가득하신 아버지, 저희를 용서하시고 사회적 유대를 다시 형성하며 아직도 이 공동체 안에 벌어져 있는 상처를 치유할 수 있는 은총을 허락해 주십시오."

1986년 베르골료 신부는 가톨릭 철학자 로마노 과르디니Romano Guardini의 사상을 주제로 한 박사학위 논문을 마치기 위해 독일에 머물렀다. 로마노 과르디니는 베네딕토 16세 교황이 지난 2월 28일 추기경단 회의에서 자신의 사임을 밝힌 마지막 담화에서 인용한 인물이기도 하다. "**교회는 탁자 위에서 고안되고 만들어진 제도가 아니라, 살아 있는 실재입니다.** 교회는 오랜 시간 살아 있고, 살아 있는 다른 모든 것처럼 **그 모습이 변하며 성장**합니다. 그렇지만 그 본질은 항상 같습니다. **교회의 심장은 그리스도**라는 것입니다. …**교회의 정신은 다시 깨어납니다.**" 이것은 베네딕토 16세와 프란치스코 두 교황을 묶어 주는 섬세하고 신비로운 끈들 중 하나이다.

예수와 마리아의 상징이 담긴 교황 문장

 베르골료 신부는 1992년 5월 20일에 요한 바오로 2세에 의해 부에노스아이레스 교구의 부주교로 임명되었을 당시 교회 안에서 드러나게 알려진 인물은 아니었다. 그때 베르골료 신부는 55세를 갓 넘긴 나이로 살바토레 신학교의 학장이 된 지 얼마 되지 않았고, 아르헨티나에서 두 번째로 인구가 많은 코르도바 시내에 위치한 예수회 담당 교구의 영성 지도 신부이자 고해사제로 2년째 일하고 있었다. 현재 예수회 수도원장인 앙헬 로시Angel Rossi 신부는 "그는 소박하고 겸손한 인상을 풍겼습니다. 우리 본당 신자들 모두 그를 뼛속까지 가난한 사람이며 열심히 기도하는 사람, 그리고 교육을 받은 사람이며 직관력이 탁월한 사람으로 알고 있습니다."라고 말한다.

모든 예수회원들과 마찬가지로, 서원식에서 호르헤 마리오도 청빈과 정결과 순명이라는 일반 서원과 함께 교황에 대한 특별 순명이라는 제4 서원을 했다. 더불어 예수회와 교회 안에서 권위 있는 자리를 추구하지 않고, 주교에 임명되는 경우에 수도회 장상들의 조언에 귀를 기울이겠다고 약속했다.

그렇지만 당시 부에노스아이레스의 대주교 안토니오 콰라시노Antonio Quarracino 추기경은 예수회의 창설자 로욜라의 성 이냐시오의 뜻에 따르는 이 규정에 매이지 않았다. 그는 이미 호르헤 마리오의 자질을 높이 평가했고, 어떻게 해서라도 다른 두 명의 보좌주교 헥토르 루벤 아구에르Héctor Rubén Aguer와 루벤 오스카 프라시아Rubén Oscar Frassia의 옆자리에 그를 두고자 했다.

베르골료는 자신이 보좌주교로 임명되었다는 소식을 아주 특별한 방식으로 전해 들었다. 아르헨티나 주재 교황대사인 대주교 우발도 칼라브레지Ubaldo Calabresi는 베르골료에게 만남을 청했는데, 예외적인 주교직의 실무를 준비하던 몇몇 사제들에 관한 의견을 듣기 위해서였다. 두 사람은 1992년 5월 13일 우발도 칼라브레지 주교가 멘도자에서 부에노스아이레스로 가던 중 중간 기착지인 코르도바 공항 대합실에서 만났다. 지역 교회의 몇 가지 미묘한 문제들에 관한 논의가 끝나자, 칼라브레지 주교는 베르골료 신부를 바라보며 느닷없이 이렇게 말했다. "아, 마지막 한 가지는 당신이 부에노스아이레스의 보좌주교로 임명되었다는 것입니다."

주교 서품식은 그해 6월 27일에 거행되었다. 베르골료 신부가 아르헨티나 전역에서 알게 된 수많은 친구들, 특히 가장 가난한 지역에 사는 사람들이 코르도바 대성당을 가득 메웠다. 주교 서품식에서 대주교 콰라시노와 주교 우발도 칼라브레지, 메르체데스 루한 에밀리오 오녜노비치Mercedes Luján Emilio Ogńénovich가 함께 베르골료 신부의 머리에 손을 얹어 안수했다. 전통에 따라 베르골료 보좌주교는 스페인 지방 부르고스 아우카의 명의 주교로 임명되었다.

프란치스코 교황의 문장에는 예수회의 상징이 자리하고 있다. 푸른

색 방패에 그려진 불타는 태양 안에 시에나의 성 베르나르도의 세 글자, 곧 '인류의 구원자 예수Iesus Hominum Salvator'의 머리글자인 IHS가 적혀 있고 그 아래 예수의 십자가 수난을 뜻하는 세 개의 못이 그려져 있다. 아래쪽 왼편에는 별 하나가, 오른편에는 나르드 꽃이 자리하고 있는데, 이는 각각 성모 마리아와 성 요셉을 상징한다. 문장의 좌우명(모토)은 '측은히 여기시어 (나를) 선택하시니Miserando atque eligendo'이다. 2013년 3월 15일 교황청 일간지 〈오세르바토레 로마노Osservatore Romano〉에 신학자 이노스 비피Inos Biffi는 영국의 수도승 존자 성 베다[5](Beda il Venerabile, 672-735년)의 강론을 인용했다. 성 베다는 강론에서 마태오 복음 9장을 설명하고 있는데, 본문은 예수가 세리 마태오를 당신 제자로 부르시는 장면이다.

"베다는 잠시 멈추어서 '따르다'의 의미를 설명합니다. '따른다는 것은 이런 것입니다. 세상 것을 추구하지 마십시오. 덧없는 것들을 얻기 위해 애쓰지 마십시오. 천한 영광을 멀리 하십시오. 하늘의 영광을 위해 세상의 값없는 것을 전부 기꺼이 버리십시오. 모든 이에게 유익한 사람이 되십시오. 모욕을 (사랑으로) 감내하고 아무에게도 그것을 되갚지 마십시오. 받은 것들을 참고 견디십시오. 자신의 영광을 찾지 말고

---

[5] 영국 노섬브리아Northumbria 왕국에서 태어난 성 베다Beda는 성 베드로 수도원에서 교육을 받았고 685년 성바오로 수도원으로 옮겨 수도자가 되었다. 당대의 가장 박학한 사람으로 존경을 받으며 영문학사에 큰 영향을 끼쳤다. 성경에 관한 주해서가 권위가 있었고 영국 교회사를 저술한 역사가로서 더 유명하다. 그의 지혜와 학문을 높이 인정해 가경자 칭호가 내려졌고 단테의 '신곡·천국편'에 등장하는 유일한 영국인이다.

언제나 창조주의 영광을 추구하십시오. 이러한 것들과 이와 견줄 만한 것들을 실천하는 것이 그리스도를 따르는 것입니다.' 이것은 아시시의 프란치스코가 추구한 것이기도 합니다. 저는 교황 프란치스코의 문장에 기록된 표어가 로마의 주교이며 세계 교회의 목자인 교황의 직무 내용이라고 생각합니다."

사실 콰라시노 추기경은 훌륭한 직관을 지닌 사람이었다. 그는 베르골료 신부를 보좌주교로 지명할 때 이미 그의 능력을 높이 평가했고, 1년 뒤에 그를 부에노스아이레스 교구의 총대리로 임명했다. 그 사이 건강에 이상이 생긴 콰라시노 추기경은 1997년 6월 3일에 보좌주교 베르골료를 주교 승계권이 있는 부주교로 승진시켜, 이후 그가 자동적으로 교구의 인도자의 위치에 오르게 되었다. 이때에도 임명 소식을 알린 사람은 칼라브레지 주교였다. 베르골료와 업무를 논의하며 점심 식사를 함께한 칼라브레지 주교는 그에게 비공식적으로 그 소식을 전했다. 그 후 9개월이 채 지나지 않은 1998년 2월 28일에 콰라시노 추기경이 뇌경색으로 선종했고, 당연한 절차로 베르골료 부교구장이 교구장직을 승계했다.

사람들과 함께한 추기경

대주교 베르골료는 직무를 시작한 처음부터 겸손함과 더불어 사람들의 필요에 부응할 준비된 자세를 보여 주었다. 교구 사제들은 그와 직통으로 연결되는 전화번호를 알고 있어서 언제라도 교구장과 대화할 수 있었다. 사제들에게 어떤 문제가 생기거나 병에 걸렸다는 사실을 알게 되면 베르골료 대주교는 그 상황을 잘 해결하기 위해 부지런히 움직였다. 언젠가는 중병에 걸린 교구 사제를 간호하기 위해 사제관에서 밤을 새우기도 했다. 그리고 자신의 교구에 속한 교회들을 지속적으로 방문해서 사제들을 격려하고 자신이 늘 그들 가까이 있다는 것을 느끼게 했다.

2001년 2월 21일 추기경단 회의에서 요한 바오로 2세는 대주교 베르골료를 추기경으로 서임했다. 그리고 모든 추기경들이 추기경 명의 교회를 가지고 있듯이 그는 로마의 성 로베르토 벨라르미노San Roberto Belarmino를 자신의 추기경 명의 교회로 가지게 되었다. 그의 추기경 서임식을 축하하기 위해 바티칸으로 가겠다는 수많은 아르헨티나 신자들에게 그는 깜짝 놀랄 요청을 했다. 당시 아르헨티나는 심각한 재정 상태로 국가 경제가 위기에 처해 있었으므로 베르골료 추기경은 사람들에게 서임식에 가는 여행 경비를 가난한 사람들에게 기부할 것을 권고

했다.

이번 교황 착좌식에도 그는 같은 당부를 했다. 교황대사 에밀 폴 체릭Emil Paul Tscherrig은 아르헨티나 국민에게 다음과 같은 글을 써 보냈다. "프란치스코 교황은 모든 주교와 사제, 남녀 수도자와 하느님의 모든 백성에게, 당신을 위해 바치는 기도에 감사하며 여러분의 애정과 우정, 사랑에 진심으로 감사한다는 마음을 전해 달라고 제게 부탁했습니다. 또한 오는 3월 19일에 교황 직무를 시작하기 위한 착좌식에 참석하려는 여러분에게 로마로 오는 대신 도움이 필요한 이들에게 자선의 손길을 내밀어 무한한 애정이 담긴 영적 친밀감을 지속해 줄 것을 청하십니다."

추기경이 되어서도 베르골료는 세상적인 권위에 흔히 동반되는 어떤 특권도 자신에게 허락하지 않았다. 그는 대주교관으로 거처를 옮기지 않고 방 두 칸에 작은 난로로 난방을 하는 주택에서 계속 기거하면서 식사 준비도 손수 했다. 그리고 기사가 딸린 승용차를 마다하고 누구라도 스스럼없이 그에게 말을 걸 수 있는 버스나 지하철 같은 대중교통수단을 애용했다. 그러면서 "저는 대체로 시간을 절약할 수 있는 지하철을 타지만, 버스를 더 좋아합니다. 버스를 타면 거리를 내다볼 수 있기 때문입니다."라고 말했다. 추기경이면서도 변함없이 일반 사제들이 입는 평범한 사제복을 입었고, 예식 때 착용하는 추기경의 전례복은 선임 추기경이 입던 옷을 여동생에게 부탁해 수선해서 입었다.

2001년 9월에 일어난 미국 뉴욕 세계무역센터 폭발 테러는 그해 9월 30일부터 10월 27일까지 바티칸에서 개최된 제10차 세계주교대의

원⁶⁾회의에도 영향을 미쳤다. 뉴욕 대주교 에드워드 마이클 에간Edward Michael Egan 추기경은 동료 주교들에게 '주교, 세상의 희망을 위한 예수 그리스도의 복음을 섬기는 이'라는 주제에 관한 보고서를 제출할 예정이었다. 그러나 그 비극적 사건이 일어났고 에간 추기경은 한 달 뒤로 예정된 희생자 추모식 때문에 뉴욕으로 돌아가야 했다.

그런 이유로 에간 추기경을 대신해서 추가 보고자로 베르골료 추기경이 지명되었고, 그는 짧은 기간에도 설득력 있게 훌륭한 보고서를 작성해 참석자들의 마음을 사로잡았다. 그 결과 베르골료 추기경은 국제적으로 주목받는 인물이 되었다. 이후 그는 주교대의원회의의 후속 권고 기초 문건 작성을 위한 위원회의 만장일치로 아메리카 대륙 대표로 선출되었다. 2005년의 제11차 세계주교대의원회의에서도 그는 이전과 같은 역할을 했으며, 교황청은 그에게 중요한 성성을 맡길 생각을 하게 되었다. 그런 의도를 알게 된 베르골료 추기경은 이렇게 말했다. "아, 제발! 이러다가 저 교황청에서 죽습니다."

그가 주교대의원회의에 제출한 보고서에는 삼천년이 시작되는 시점에 교회의 사명을 성취하기 위해 필요한 주교의 모습이 그려져 있다. "그분의 백성과 함께 걷는 하느님의 사람, 공동체와 전교의 사람, 세상에 희망을 전하는 복음을 섬기는 희망의 사람. 온 세상이 '우리를 부끄

---

6) 교황과 주교들 사이에 밀접한 유대를 도모하고 신앙과 도덕의 옹호와 발전 및 교회의 규율 준수와 강화를 위하여 교황에게 자문하며, 아울러 세상에서의 교회 행동에 관한 문제들을 숙고하기 위해 세계의 여러 다른 지방에서 선발되어 정해진 시기에 함께 모이는 주교들을 일컫는다(『천주교 용어 자료집』 참조).

럽게 하지 않는 이 희망'(로마 5,5)을 열망하고 있음을 우리는 잘 알고 있습니다. 따라서 주교는 그리스도의 십자가에서 솟아난 희망을 선포하는 사람이어야 합니다."

사람을 배려하는 사목 활동

 제10차 세계주교대의원회의에 참석하고 부에노스아이레스로 돌아온 베르골료 추기경은 아르헨티나의 경제 위기를 규탄하는 군중의 시위가 끊이지 않던 몇 달 동안 시민, 국가, 지역 단체의 소리에 동참해야 함을 여러 번 느꼈다. 2001년 12월 20일 그는 추기경 직무실 창문을 통해 마요 광장에서 벌어진 시민 시위대와 경찰의 충돌을 목격했고, 예금 인출 동결 조치에 항의하는 비무장 시민을 경찰이 봉쇄하는 것을 지켜보았다. 그는 곧바로 내무장관과 경찰청장에게 전화를 걸어 경찰의 부당한 진압을 항의했다. 불안에 휩싸여 시위하는 단순한 예금자들을 마치 선동자나 테러리스트처럼 경찰이 잘못 대하고 있다고 지적했다. 추기경의 항의는 비폭력 단체에 대한 경찰의 무차별 진압 사태를 중단시켰다.

이어서 그는 교구의 자선 단체를 움직여 일반 시민들을 위한 무료 급식소와 집 없는 사람들을 위한 쉼터를 열고, 그들을 위로하며 교회가 그들과 함께하고 있음을 알려 주는 봉사자를 파견했다. 또한 사목적 차원에서 부에노스아이레스 시가 무엇보다 분명히 인식하고 있던 교육의 절실함에 깊은 관심을 보였다. 베르골료 추기경은 교육 담당 위원회를 설립하고 그 취지를 이렇게 설명했다. **"우리 시대의 비극은 젊은이**

들이 제때에 청소년기에서 벗어나지 못한 채 살고 있다는 것입니다. 그들에게 아무것도 요구하지 않는 사회, 희생과 노동의 가치를 가르치지 않는 사회에서 성장하는 젊은이들은 아름답다는 것이 무엇인지 모르고 사물의 진리를 알지 못합니다. 때문에 젊은이들은 지난 역사를 폄하하고 미래 앞에서 두려움을 갖습니다. 이제 교회가 그들에게 희망의 길을 다시 열어 주어야 합니다."

그렇게 교회는 교구 신자들을 위해 소매를 걷어붙였고 미래의 희망을 꿈꿀 수 있는 장場을 제공했다. 월간 〈트렌타 조르니30giorni〉에 베르골료 추기경의 인터뷰 기사가 실린 적이 있다. 그는 기사에서 한 본당의 영향력이 반경 600m 정도에 미친다는 사회학적 연구 결과를 제시하면서, 정신이 번쩍 드는 재치 있는 말로 교회의 상황을 들려주었다. "부에노스아이레스에는 약 2000m 간격으로 성당이 세워져 있습니다. 그래서 저는 어느 날 사제들에게 이런 말을 했습니다. '여러분이 할 수 있다면 (성당의 영향력이 미치지 못하는 지역에) 차고 하나를 빌리세요. 그리고 마음에 드는 평신도를 만나거든 그곳으로 보내세요. 사람들과 그곳에 머물며 교리교육도 하고, 그들이 청하면 영성체도 할 수 있게 하세요.' 그랬더니 어느 본당 신부가 '주교님, 그렇게 하면 사람들이 성당에는 오지 않을 겁니다.' 하는 것이었어요. 그래서 제가 물었지요. '왜 그렇지요? 그럼 그 사람들이 지금은 성당에 미사 참례를 하러 옵니까?' 그러자 그 신부는 '아니오.'라고 했습니다. 그렇다면 어떻게 해야 할까요?"

베르골료 추기경은 교구 사제들의 소리에도 귀를 기울였다. 예를 들어, 정상적인 혼인 관계[7]가 아닌 부모에게서 태어난 아이들에게 세례를 주지 않은 몇몇 사제들에게 추기경은 이렇게 말했다. "그 아이들은 부모의 혼인 상태에 아무런 책임이 없습니다. 그리고 그런 아이가 유아 세례를 받으면 그 부모에게는 새로 시작하는 계기가 됩니다. 보통 세례를 주기 전에 한 시간 정도 간단한 교리교육을 실시합니다. 그리고 전례 중에도 교리교육이 이루어집니다. 또한 세례 후에는 사제와 평신도들이 사목 활동의 연장으로 그 가정을 방문합니다. 그러면 교회에서 결혼하지 않은 그 부모들이 교회 제단 앞에서 혼인성사를 하고 싶다고 청하는 기쁜 일이 자주 일어납니다."

베르골료 추기경은 초창기 영웅적인 예수회원들의 발자취를 따라 일본에 선교사로 가고 싶었다는 지난날의 소망을 밝히면서 어느 강론에서 이렇게 강조했다. "**성사는 주님께서 주시는 것입니다. 성사는 사제나 주교에게 소유권이 있는 그들만의 영역이 아닙니다.** 땅이 넓은 우리나라에는 사제가 1년에 겨우 한두 번 방문할 수 있는 오지의 작은 마을이 많은데, 신자들은 아기가 태어나면 되도록 빨리 유아 세례를 받아야 한다고 생각합니다. 그래서 갓난아기에게 세례를 주는 '보례자'[8]

---

7) '정상적인 혼인 관계'란, 전적으로 교회의 관점에서 교회에서 혼인성사로 맺어진 부부 관계를 일컫는다. - 편집자 주
8) 보례란 정식 세례성사를 받지 않고 위급 상황에서 대세代洗를 받은 사람이 건강을 회복한 뒤 교리교육과 세례성사의 다른 부분을 보충하여 받는 예식. 그러므로 여기서 보례자bautizadores란 '다시 세례를 받는 것이 아니라 이미 받은 세례의 효력이 믿음을 완성시키는' 예식을 거행할 수 있는 사람을 말한다(『천주교 용어 자료집』 참조).

로 잘 알려진 남녀 평신도가 있습니다. 이후 사제가 오면 사람들은 아이를 데려오고 사제는 성유로 아이를 축성하며 세례를 마무리합니다. 이런 상황을 생각할 때 일본에서 200년 이상 사제 없이 그리스도교 공동체가 유지되었다는 것이 놀라울 뿐입니다. 선교사들이 다시 그곳으로 돌아가 보니 그들은 모두 세례를 받았고 교회의 유효한 혼인을 했으며, 그리스도교식으로 장례를 치르는 신앙생활을 하고 있었습니다. 그 평신도들은 세례만 받았지만 세례성사의 은총으로 사도적 선교의 삶을 살고 있었던 것입니다."

베르골료 추기경의 명확한 교도권 수행과 일반 사목 활동은 아르헨티나 주교들 가운데 그를 더욱 영향력 있는 인물로 부각시켰다. 그는 아르헨티나 주교회의가 2002년에 요청한 자신의 첫 번째 의장 자리를 사양했다. 하지만 2005년에 다시 의장으로 선출되자 직무를 수락했고, 그것은 2011년 11월까지 지속되었다.

2007년 5월 13일부터 31일까지 브라질 아파레치다Aparecida에서 열린 제5차 라틴 아메리카 주교회의 폐회 때 대주교 베르골료는 다수의 지지를 얻어 다시 최종 문헌 편집 작업 위원회 의장으로 선출되었다. 이 임무에는 늘 막중한 책임이 따랐는데, 그것을 수행하자면 논쟁이 중첩되는 부분을 개별화하는 예리함과 수시로 과격한 표현이 돌출되는 것을 완화하는 인내심, 문제의 여지가 있는 측면을 중도에 포기하지 않는 용기의 은사가 필요하기 때문이다.

그 문서의 내용에 관련된 일부 논쟁에 대해 추기경 베르골료는 분명하게 힘주어 밝혔다. "라틴 아메리카 교회 교도권인 최종 보고서에는 어떤 음모도 개입되지 않았습니다. 우리는 물론 교황청에서도 이 문서 내용을 조정하려는 시도는 없었습니다. 우리는 글의 문체와 형식을 손질하며 글의 내용들을 정리하고 다듬었을 뿐, 문서의 본질은 전혀 변동이 없음을 밝히는 바입니다. 문서를 편집하는 동안 우리는 진정한 형제애로 협력하면서 서로를 존중했습니다. 그 점이 우리 일에 특성을 부여했고, 우리의 작업은 위에서부터 아래로 움직인 것이 아니라 아래에서 위로 움직인 것이었습니다."

판자촌(빈민촌)의 버스

 추기경의 직무 수행 시간이 수많은 강론과 사목적 공문서를 작성하는 일로 채워지는 것 같이, 주요 활동 분야가 종교이지만 베르골료 추기경은 종교 분야와 관련된 일만 하지는 않았다. 사회 분야에서도 그는 단호히 발언했다. 특히 1810년에 시작된 아르헨티나 독립혁명 기념일인 5월 25일의 '테 데움Te Deum'에서 그러했다. 대주교는 아르헨티나의 종교 및 시민 단체를 대변하는 주요 목소리가 되었고, 매년 '테 데움'에서 그의 강론은 아르헨티나 국민의 인간 존엄성을 방어하고자 하는 예정된 '시민 강좌cattedra civica'로 보였다.

1999년 그의 첫 번째 호소는 사람들의 머리와 가슴 전체를 울렸다. **"역사를 기억하라는 요청은, 우리에게 잠시 겉핥기의 시선이 아닌 보다 깊이 있는 접근을 하고 있는지 숙고하라고 합니다. 최근 우리는 거의 봉합할 수 없을 정도로 조각난 정치사회적 분열을 극복하면서 민주주의 제도를 정착하기 위해 노력해 왔습니다. 오늘 우리는 규칙을 존중하면서 시민들이 공존하는 길로 향하는 대화를 수용하기 위해 힘써야 할 것입니다."**

수많은 아르헨티나 사람들의 귀에는 아직도 2000년 당시 페르디난도 데 라 루아Fernando de la Rúa 대통령을 향한, 추기경의 비탄에 잠긴 발언이 생생하다. "우리가 추구해 온 (국가) 제도가 커다랗게 드리워진 불신의 그늘에 가려져 있음을 이제 겸허한 마음으로 인정해야 합니다." 그리고 2003년 후임 대통령 네스토르 키르크너Néstor Kirchner를 향한 통렬한 발언도 있다. 대주교는 아르헨티나 국민에게 '어깨에 조국을 짊어지고' 거리로 나가라고 호소했다. 다음 해인 2004년 5월 25일의 '테데움'에서 대주교의 신랄한 발언에 마음이 상한 키르크너 대통령은 그 후 대주교를 만나는 일을 교묘하게 피했다. 대통령 사망 후에 그의 아내 크리스티나 페르난데즈Cristina Fernandez가 대통령 관저Casa Rosada에 들어간 뒤에 그녀 역시 대주교의 날카로운 화살을 피할 수 없었다. 특히 2010년 동성 커플을 합법화하는 입법과 관련해 베르골료는 "하느님의 의도를 저해하는 시도"라고 규정했다.

4만 5000여 명의 빈민이 사는 부에노스아이레스의 판자촌villas miserias은 그저 21에서 24라는 숫자로 불렸는데, 추기경 베르골료는 그곳과 친숙했다. 그곳 주민의 반수가 추기경과 사진을 찍었을 정도이다. 평범한 사제복을 입은 대주교는 70번 버스를 타고 카쿠페의 성모Vergine di Caacupé 성당에서 미사를 봉헌하기 위해 그 지역을 방문하곤 했다. 그는 세례를 주거나 신자들에게 성체를 영해 주고, 잠시 사람들의 이야기를 들으며 그들이 처한 문제에 도움을 주기 위해 머물기도 했다.

2009년 초 판자촌 21번 구역 주임 신부인 호세 마리아 페페 디 파올라José María "Pepe" Di Paola에게 살해 협박이 있자, 대주교는 한 강론에서 협박 주동자들을 '어둠의 장사꾼los mercaderes de las tinieblas'이라고 선언했다. 그리고 뒤를 이어 부에노스아이레스에서 400명이 넘는 사제들이 자진

해서 동료 사제를 위한 선언서에 서명을 시작했고 그것을 기자 회견에서 발표했다. 그러나 협박과 위협이 더 거세지자 베르골료 추기경은 아르헨티나 수도 부에노스아이레스의 판자촌 사목을 위한 주교위원회를 설립하기로 결정했다.

최근 일간지 〈라 스탐파La Stampa〉의 인터뷰에서 베르골료 추기경은 자신의 생각을 분명하게 밝혔다. "교회의 모든 일상적인 활동은 선교를 지향합니다. 이것은 중심과 변두리 사이, 교구 본당과 도시 변화가 사이에 아주 강한 긴장감을 수반합니다. **교회는 자기 안에서 나와 변두리로 가야 합니다. 교회는 자기 자신을 확신하는 영적 병듦을 피해야 합니다. 그렇게 하지 않으면 교회는 탈이 납니다.** 교회가 거리로 나가면 모든 사람이 그런 것처럼 여러 사건과 마주하게 될 겁니다. 그렇지만 교회가 자신을 가두고 있으면 고립된 의식으로 늙어 갑니다. 거리로 나가서 사건과 조우하는 교회와 자신을 확신하는 병에 걸린 교회 중에 저는 분명 앞의 교회를 선호합니다."

한편 베르골료 추기경은 수많은 일과를 처리하면서도 예술과 문화에 지대한 관심을 가졌다. 그는 "자명종의 도움을 받지 않고 매일 아침 4시에 일어납니다."라고 말하며, 밤에 5시간 잠을 자고 점심 식사 뒤에 40분쯤 낮잠으로 하루의 휴식이 충분하다고 말한다. 그가 아르헨티나의 〈예수회El jesuita〉 편집자에게 밝힌, 좋아하는 것의 목록은 다음과 같다. 시카고 미술관에서 소장 중인 마르크 샤갈의 '하얀 십자가', 베토벤 교향곡과 (베토벤의 유일한 오페라 피델리오의) '레오노레 서곡 3번'(추기경은 푸르트벵글러Wilhelm Furtwängler가 지휘한 녹음본을 좋아한다고 정확히 밝혔다),

바그너의 오페라이다. 문학 작품으로는 횔덜린(Friedrich Hölderlin, 독일 시인)의 시, 만초니(Alessandro Manzoni, 이탈리아 극작가·소설가)의 「약혼자들I promessi sposi」, 단테의 「신곡」, 도스토예프스키의 작품들, 마레샬(Leopoldo Marechal, 아르헨티나 작가)의 책 등이다. 추기경은 아주 드물게 영화를 본다. 악셀 Gabriel Axel의 '바베트의 만찬', 데마레Lucas Demare의 '섬사람들Los Isleros', 도리아Alejandro Doria의 '영구차를 기다리며Esperando la carroza' 등과 마냐니 Anna Magnani와 파브리지Aldo Fabrizi가 연출한 이탈리아 신사실주의 작품, 아르헨티나 감독 메렐로Tita Merello의 작품을 좋아한다.

2013년 3월 13일의 흰 연기

 재의 수요일9) 바로 이틀 전에 교황 베네딕토 16세가 사임을 발표한 2013년 2월 13일, 부에노스아이레스 주교좌성당은 재의 수요일 전례에 참석한 사람들로 가득 찼다. 부에노스아이레스의 대주교, 베르골료 추기경의 강론이 끝나자 성당에 있던 신자들은 어떤 예감을 느꼈다. 그는 전통에 따라 희망과 참회의 말을 선포했다. 그리고 '거룩한 사순절의 철저한 회심'을 기원한 다음, 약간 흥분된 목소리로 "저를 위해 기도해 주시기를 부탁드립니다."라고 개인적인 요청을 했다.

베르골료 추기경은 로마행 항공권을 이미 구입했는데, 아르헨티나로 돌아오는 날짜는 3월 23일 토요일로 예약되어 있었다. (본인의) 교구로 돌아와 주님 수난 성지 주일 미사를 집전하기 위해서였다. 그러나 1958년의 교황 선출 추기경단 회의인 콘클라베 전에 안젤로 론칼리

---

9) 사순절이 시작되는 수요일을 말한다. 이날 교회에서는 지난해 '주님 수난 성지 주일'에 축복한 나뭇가지를 태운 다음, 사제가 그 재를 찍어 신자들의 이마에 십자가를 그으며 얹는 예절을 행한다. 이때 사제는 창세기 3장 19절을 인용해 "사람이 흙에서 왔으니 흙으로 돌아갈 것을 기억하시오."라고 한다. 우리는 머리에 재를 얹으며 인생무상을 깨우치고 진정한 통회와 보속을 해야 한다. 그렇게 할 때 부활의 영광과 기쁨을 맞이할 수 있기 때문이다(「천주교 용어 자료집」 참조).

(Angelo Roncalli, 요한 23세)의 말처럼, 그도 역시 '보잘것없는 내 주위에 커다란 나비의 날갯짓'을 감지하기 시작했다.

교황 선거권이 있는 어느 추기경의 일기에는 호르헤 마리오 베르골료에 대해 다음과 같이 적혀 있었다. "그가 시스티나 성당 제단 위 투표함에 투표용지를 넣으러 가는 모습을 바라보았다. 그의 시선은 마지막 때에 영혼들을 심판하는 예수상에 고정되어 있었다. '오 하느님, 제게 이 일을 하게 하지 마십시오.'라고 간청하는 듯 고통스러운 얼굴이다." 이 글은 지난 2013년 3월이 아니라 2005년 4월의 콘클라베 기간에 쓴 것이다.

이미 그때 아르헨티나의 대주교(베르골료)는 요제프 라칭거 추기경과 함께 신임 교황 물망에 올랐다. 네 번에 걸친 투표는 이 두 사람에 집중된 추기경단 전체의 관심을 반영했다. 첫 번째 투표는 라칭거 47표, 베르골료 10표로 출발했다. 두 번째 투표에서는 라칭거 65표, 베르골료 35표가 되었고, 세 번째 투표에서는 전체 115명 추기경 중에 112명의 추기경이 두 사람 가운데 한 사람에게 표를 던져 라칭거는 72표, 베르골료는 40표를 얻었다. 점심 식사를 위한 휴식 시간에 부에노스아이레스의 추기경(베르골료)은 자신을 지지하는 사람들에게 교황청 신앙교리성장관인 라칭거 추기경에게 표를 모아 줄 것을 청했다. (그렇게) 그의 요청대로 선거가 끝났다. (그리고 마침내) 라칭거가 84표를 얻어 베네딕토 16세 교황이 되었다. 그래도 베르골료 추기경에게 투표한 사람들은 여전히 26명이나 되었다.

추기경들은 그때 상황을 잘 기억하고 있다. 2013년, 아직 선임 교황이 살아 있는 상황에서 콘클라베를 여는 것은 역사상 유례가 없던 일이어서 신문 기자들은 후임 교황을 두고 수많은 추측을 쏟아 냈다. 이때 추기경단의 수석 추기경인 안젤로 소다노는 교황 선출을 위한 특별 미사 강론에서 교회에 실질적으로 필요한 교황의 모습을 구체화하여 제시했다. 주님께 '착한 목자'를 허락해 달라는 기도 소리가 시스티나 성당에 울려 퍼졌다. **'교회의 목자들이 매순간 사람들을 섬기는 일, 곧 가장 시급한 박애의 섬김에서 복음의 빛과 은총의 능력을 사람들에게 제공하는 가장 높은 섬김에 이르기까지 그들의 사명에 충실하도록 이끄는 사랑의 은사를 지닌 착한 목자'**를 청하는 기도는 사람들의 시선이 베르골료 추기경을 향하도록 했다.

긍정적인 결과 없이 네 번의 투표가 실시되었다. 그런 다음 드디어 3월 13일 오후 7시 6분에 시스티나 성당 굴뚝에 피어오른 흰 연기는 새로운 교황 호르헤 마리오 베르골료의 선출을 알렸다. 그는 교황 자리에 오르는 첫 번째 예수회 신부이자 아메리카 대륙 출신의 첫 교황으로, 731년 시리아 출신의 그레고리오 3세 이후 거의 1200년 뒤에 탄생한 비유럽 출신 교황이다. 베르골료 추기경이 얻은 투표수를 묻는 기자에게 추기경 조반니 바티스타 레Giovanni Battista Re는 "필요 득표수 과반수를 넘는 압도적인 표라고 말할 수 있습니다."라고 대답했다.

그런데 우리에게 잘 알려지지 않은 점이 있다. 2005년과 2013년의 교황 선출 선거와 1978년 8월에서 10월까지 이어진 교황 선출 선거는 의미심장한 공통점을 지니고 있다는 사실이다. 두 경우 모두 두 번째 콘클라베에서, 교황으로 선출될 것으로 점쳐진 인물이 결국 선출되지 않았다. 저명한 역사 학자 암브로조오 피아조니Ambrogio Piazzoni에 의하면 이는 '콘클라베에 교황으로 들어가는 인물은 추기경으로 나온다.'는 옛말이 열에 아홉은 맞는다는 것을 보여 준다. 1978년 콘클라베에서 이탈리아 추기경 주세페 시리Giuseppe Siri와 조반니 베넬리Giovanni Benelli 사이에 긍정적인 결과가 나오지 않자, '보이티아Wojtyla10)라는 깜짝 선물'이 주어졌다. 그렇지만 이것은 단지 그가 '이방인'으로 조명되었을 뿐, 실제로는 이전에 있던 인물이 (있어야 할 자리로) 돌아온 것이었다. 2013년 콘클라베에서도 1978년과 비슷한 상황이 전개되었다. 후임 교황 물망에 오르며 좋은 평가를 받고 있던 안젤로 스콜라Angelo Scola와 마크 웰렛Marc Ouellet 추기경은, 라칭거를 선택한 콘클라베에서 그와 나란히 경쟁했던 인물인 베르골료에게 교황 자리를 양보해야 했다. 또 다시 이전에 있던 인물이 (있어야 할 자리로) 돌아온 것이다.

바티칸에서 흰 연기가 피어오르기 몇 분 전에 레 추기경은 새로 선출된 교황에게 교황명을 정했는지 물었다. 교황의 대답은 '프란치스코'였다. 요한 바오로 1세의 경우를 제외하고 정확하게 1100년 동안 새로운 교황명이 나오지 않았다. 한 번밖에 없는 교황명을 찾으려면 913년에 선임된 사비니 출신 '란도' 교황으로 거슬러 올라가야 한다. 그리고 그가 죽고 거의 800년이 지난 지금까지 프란치스코수도회 출신 교황이 네 명이나 있었지만 이탈리아 수호성인 프란치스코의 이름을 선택

―――――――――――
10) 제264대 교황 요한 바오로 2세(1978.10.16-2005.4.2 재위)의 폴란드 이름(Karol Józef Wojtyła).

한 교황은 없었다. 또한 흥미로운 사실은 프란치스코회 출신의 마지막 교황인 클레멘스 14세가 1773년 유럽 강대국[11]의 압력에 굴복해 새 교황 프란치스코가 속한 수도회인 예수회의 해산 교서에 서명을 했다는 점이다.

교황은 3월 16일 기자들과 만난 자리에서 프란치스코라는 이름을 선택한 이유를 직접 밝혔다. "어떤 이는 '프란치스코 하비에르'를 생각했고 '프란치스코 살레시오'나 '아시시의 프란치스코'를 생각하는 이들도 있었습니다. 이름을 선택하는 과정에서 있었던 일을 들려 드리겠습니다. 교황 선출 선거에서 제 옆에 성 바오로 명예 대주교이며 성직자성 퇴임 장관인 클라우디오 우메스Claudio Hummes 추기경이 있었습니다. 그는 아주 소중한 제 친구입니다. 일이 조금 위험하게 되어 가자 그가 저를 격려했습니다. 그리고 득표수가 2/3 이상 올라가면서 환호가 일어났습니다. 마침내 교황이 선출되었기 때문입니다. 우메스 추기경이 저를 안고 입 맞추며 말했습니다. '가난한 사람들을 잊지 마세요.'" 교황은 3월 17일 첫 삼종기도에서 교황명을 선택한 이유를 다시 이렇게 말했다. "프란치스코라는 이름은 제 가족의 뿌리가 있는 이 땅과 영적 관계를 강화해 줍니다."

교황 프란치스코는 이어서 다음과 같이 말했다. "우메스 추기경이 말한 '가난한 사람들'이 제 안에 들어왔습니다. '가난한 사람들'이라고

---

11) 포르투갈, 에스파냐, 프랑스 등을 말한다. - 편집자 주

하니까 곧 아시시의 프란치스코가 생각났습니다. 그리고 득표수 합산 과정이 끝나기를 기다리는 동안 전쟁을 생각했습니다. 프란치스코는 평화의 사람입니다. 그렇게 해서 아시시의 프란치스코라는 이름이 제 심장에 들어왔습니다. 프란치스코는 제게 가난의 사람, 평화의 사람, 피조물을 사랑하고 보호하는 사람입니다. 오늘날 우리는 피조물과 그리 좋은 관계를 갖지 못하고 있지 않습니까? 프란치스코는 우리에게 이 평화의 영을 주는 가난의 사람입니다."

교황의 첫 행보

교황으로 선출된 베르골료는 선거를 마친 추기경들을 향해 돌아서서 소리 내어 웃으며 말했다. "하느님께서 여러분이 한 일을 용서해 주시길 청합니다." 그리고 보통 때 입는 흰색 제의를 입는 등 몇 가지 전통적인 관례를 바꾸었다. 베르골료 교황은 전례 담당자가 가져온 장미색 제의를 입지 않았고, 쇠로 된 주교 십자가를 금으로 된 십자가로 바꾸어 목에 걸지 않았으며, 동료 추기경들의 축하 인사를 서서 받았다. 그에게는 외적인 것보다 내용이 중요했다. 그는 이전에도 갓 사제 서품을 받은 신부에게 **"문제는 수단을 입느냐 안 입느냐가 아닙니다. 여러분이 사람들을 위해 일하려고 소매를 걷느냐 안 걷느냐 그것이 중요합니다."**라고 말했다.

교황으로 선출된 그날 저녁 8시 22분에 베르골료 교황은 처음으로 신자들을 만나기 위해 성 베드로 대성당의 중앙 발코니로 나왔다. 그에 앞서 8시 12분에 '종교 간 대화 평의회'[12] 의장인 장 루이 타우란(Jean-Louis Tauran) 추기경은 새 교황의 교황명을 발표했다.

----

12) Pontifical Council for Interreligious Dialogue : 로마 가톨릭과 타종교와의 대화를 촉진하기 위해 설립한 기구.

성 베드로 광장을 메운 수많은 사람들과 텔레비전을 통해 교황 선거를 지켜본 전 세계인의 마음이 기대감으로 동요했다. 프란치스코 교황은 "안녕하십니까? 형제자매 여러분." 하고 일상적인 인사로 말문을 열었다. 전임 교황이 물러나기 전에 신자들에게 한 고별인사와는 대조적인 인사였다. 이어서 그는 전임 교황에 대해 언급했다. "여러분이 알다시피 콘클라베의 임무는 로마의 주교를 선출하는 것입니다. 그런데 제 동료 추기경들은 로마 주교를 뽑기 위해 거의 세상 끝까지 간 것 같습니다. 그렇지만 우리는 지금 여기 있습니다. …여러분의 환대에 감사드립니다. 로마 교회 공동체는 이제 주교를 갖게 되었습니다. 감사합니다. 무엇보다 먼저 저는 우리의 명예 주교인 베네딕토 16세를 위해 기도하고 싶습니다. 주님께서 그를 축복하시고 성모님께서 그분을 보호하시기를 청하며 우리 모두 그분을 위해 기도합시다." 그러자 베드로 광장에 모여 있던 사람들은 한 목소리로 응답했다. 하느님의 백성은 베네딕토 전임 교황의 8년에 걸친 훌륭한 교도권에 감사를 표했다.

그런 다음 프란치스코 교황의 강력한 요청이 이어졌다. "이제 우리는 길을 걷기 시작합니다. 주교와 하느님의 백성이 함께 걷는 길입니다. 로마 교회의 이 길은 모든 교회를 박애로 이끄는 것입니다. 형제애와 사랑과 상호 신뢰의 길입니다. 우리 자신을 위해 늘 기도합시다. 온 세상을 위해 기도합시다. 그렇게 하면 보다 깊은 형제애가 이루어질 것입니다. 오늘 우리가 시작하는 교회의 이 길을 위해 여러분을 축복합니다. 지금 여기에 있는 로마관구 총대리가 저를 도와 이렇게 아름다운 이 도시에 복음의 열매가 풍성히 맺게 해 주실 것입니다."

그리고 프란치스코 교황은 공식적인 강복13)을 하기 전에 역사상 유례없는 요청을 했다. "여러분에게 한 가지 부탁을 드리고 싶습니다. 주교가 여러분에게 축복하기 전에 주님께서 저를 축복해 주시기를 청해 주십시오. 주님께서 여러분의 주교에게 복을 내리시기를 기도해 주십시오. 침묵 속에서 잠시 기도를 바칩시다." 그러자 사람들의 웅성거림이 순식간에 잠잠해졌고 베드로 광장에는 평화의 기운이 감돌며 하느님의 임하심(함께함)이 온전히 느껴졌다.

교황의 공식적인 외출은 성모 마리아 대성당Santa Maria maggiore에 있는 '로마 백성의 구원 성모상Madonna Salus populi romani'에 인사를 드리고 병원에 있는 호르헤 마리아 메이야Jorge Maria Mejía 추기경을 문안하고, 추기경들과 기자들을 만나 첫 번째 회견을 하며 교회를 위한 빛의 여정을 시작한 것이다.

이러한 일들로 잠시 분산되었던 교황의 사목 활동 지침이 분명하게 드러났다. '항상 주님의 빛 안에서 걷기, 교회 세우기, 예수 그리스도 고백하기'는 그가 추기경들에게 제시한 세 개의 기둥이었다. 이어서 교황은 "예수 그리스도를 고백하지 않을 때 저는 '하느님께 기도하지 않

---

13) '로마와 온 세상에Urbi et orbi': 공적으로 성대한 기회를 맞아 교황이 로마에 있는 가시적 관중Urbi과 전 세계에 있는 비가시적 관중Orbi을 강복할 때 그 축복을 가리킨다. 즉 로마에 운집한 청중들과 온 세상에 흩어져 있는 보이지 않는 청중들에게 교황이 베푸는 장엄한 강복을 뜻한다. 이 교황 강복은 성년聖年 동안에, 그리고 교황 착좌식 기타 중요한 기회에 종종 베풀어진다. 그리고 신도들은 일반적으로 희년과 중요한 시기에 베풀어지는 이 축복을 통해 전대사를 받는다(『전례사전』 및 「가톨릭대사전」 참조).

는 사람은 악마에게 기도하는 것이다.'라고 한 레옹 블로이Léon Bloy의 말이 떠오릅니다. 예수님을 고백하지 않을 때 악마의 세상적인 것을 고백하는 것입니다."라고 단호한 어조로 말했다. 그리고 기자들에게 "교회는 '사람 안에서' 진리와 선함과 아름다움을 통교하기 위해 존재합니다."라고 강조했다.

한편 프란치스코 교황은 '가난한 교회와 가난한 이들을 위한 교회'에 대한 자신의 염원을 표명했다. 첫 안젤루스(삼종기도)에서 교황은 신자들에게 "하느님의 얼굴은 늘 참아 주시는 자비로운 아버지의 얼굴"이라는 사실을 잊지 말자고 하면서 "하느님은 결코 용서하시는 데 지치지 않으십니다. 문제는 우리가 용서를 구하는 데 지친다는 사실입니다. 우리도 모든 사람에게 자비의 마음을 가질 수 있도록 그분에게서 배웁시다."라고 청했다. 3월 13일 신임 교황 발표 소식을 듣고자 성 베드로 광장으로 달려온 수많은 사람들에게, 프란치스코 교황은 동료 추기경들이 자신을 뽑아 세우기 위해 "거의 세상 끝까지" 갔다 왔다고 농담을 했다. 그 표현은 요한 바오로 2세의 말을 떠오르게 했다. 1978년 10월 16일 요한 바오로 2세는 비슷한 상황에서 추기경들이 자신을 "먼 나라에서" 불러왔다고 말했다.

결국 그것은 사도들에게 '세상 끝까지' 당신을 증거하라는 예수님의 초대가 결실을 맺은 것이다. 이제 그들은 세상 끝에서 베드로와 바오로의 순교의 피가 뿌려진 그리스도교의 심장인 로마로 돌아온다. 세상의 심장에 '기쁜 소식'을 다시 꽃 피우게 하려는 귀환이다.

2부

사상

신앙의 문턱을 넘어서다

부에노스아이레스의 유대 라틴 아메리카 신학교 학장인 랍비 아브라함 스코르카Abraham Skorka는 프란치스코 교황이 된 호르헤 마리오 베르골료 추기경의 신학적 사고와 사목 활동의 토대에 **만남과 일치**라는 두 가지 주제가 자리한다고 주장하며, 그 신뢰성을 더해 준다. 구체적으로 말하자면 '만남'과 '일치'는 추상적 의도를 지닌 것이 아니라 '**각 개인이 자기 고유성을 유지하면서 사랑에서 우러나오는 마음으로 다른 사람의 물질적이며 영적인 성장을 위해 협력하는 것으로, 사람들 사이의 조화로운 상태**'를 뜻한다.

베르골료 추기경의 책 서문에 스코르카 교수의 이런 경쾌한 설명조의 말이 나온다는 것은 의미심장하다. "나와 같은 랍비가 가톨릭 사제의 사상을 소개하는 것은 내가 아는 한 이천 년 역사에서 처음 있는 일이다. 더군다나 그 사제는 부에노스아이레스의 대주교로, 아르헨티나 가톨릭교회의 수장이며 (교황) 요한 바오로 2세가 추기경으로 서임한 인물이다."

한편 프란치스코 교황은 교회의 복음화 과제에서 무엇이 우선인지 분명하게 밝혔다. "**규정을 축소하거나 삭제하면서 이것저것 더 쉽게 만들려고 하지 말고, 거리로 나가서 사람들을 찾고 그들을 직접 인격적**

으로 만나는 것이 중요합니다.** 이는 세상에 나가서 복음을 선언하는 것이 교회의 사명이기 때문만이 아니라, 교회가 손실을 입지 않기 위한 것이기도 합니다. **자기 업무를 교구 일로 제한하고 공동체 안에 틀어박혀 살 때 독방에 감금된 사람에게 일어나는 것과 같은 일들이 교회에 일어납니다.** 곧 육체적으로나 정신적으로 위축되는 것입니다. 또는 습기가 차서 곰팡이가 번진 아파트 벽처럼 쇠락하게 됩니다."

2012년 베르골료 추기경은 부에노스아이레스 관할 교구에 신앙의 해를 선포하기 위해 교구 신자들에게 편지 한 통을 보냈다. 그런데 그 날짜가 선교사들의 수호성인 소화 데레사의 축일인 10월 1일이었다. 그것은 단순한 우연이 아니다. 대주교는 신앙의 해를 공포하는 문서의 제목인 '신앙의 문Porta fidei'에서 실마리를 가져다가 독창적인 방식으로 글을 시작한다. 그는 닫혀 있는 문은 "우리 시대를 가리키는 상징이고, 우리의 생활 방식에 특성을 부여하는 존재론적 실재이며, 현실과 다른 사람들 그리고 미래와 마주하여 자신을 규정하는 방식이기도 합니다. 반면 열려 있는 문은 늘 빛과 우정과 기쁨을 상징합니다."라고 설명했다. 그리고 "새로운 삶에 들어가도록 우리 스스로를 설득하기 위해서는 문턱을 넘어서는 일이, 마음에서 우러나온 자유로운 결정을 상징하는 발걸음을 내딛는 일이 필요합니다. 신앙의 문을 지나, 하느님의 말씀이 선포되었을 때 문턱을 넘어가 은총으로 우리 심장이 빚어지도록 해야 합니다. 은총은 구체적인 이름인 예수님을 가져옵니다. 예수님은 문입니다(요한 10,9). 그분만이, 진정 그분만이 문이고 영원히 문이실 것입니다. 그리스도 없이 하느님께 인도하는 길은 없습니다. 그 문이 우리에게 하느님께 가는 길을 열어 주며, 자신의 목숨 값을 치르면서 우리를 보살피는 유일한 분이 착한 목자이기 때문입니다."라고 말했다. 그러므로 신앙의 문턱을 넘어선다는 것은 "오늘날 죽음이 여러 가지 형태로 세력을 떨치고 있는 것처럼 보이는… 이러한 슬픈 현실이 변할 수 있고 변해야 함을 확신하고 있음을 깨닫는 것"이다. 또한 "불가능해 보이는 것들에 대해서 믿음 안에서 희망을 간직한 채 어린아이 같은 마음으로 살아가는 것을 부끄러워하지 않는 것입니다. 온몸을 경직시키는 패배주의에 떨어지지 않으며 삶과 역사의 지속적인 움직임과 함께 하는 것입니다. 그리고 새로운 생명의 상징을 육체에 새기기 위해 우리의 가난한 육신에 부활하신 분의 새 생명을 받아들이는 것"이다.

2013년 수난 시기를 시작하는 재의 수요일 강론에서 베르골료 추기경은 시대를 보여 주는 현실적인 그림을 제시했다. 그것은 폭력과 증오, 무죄한 이의 고통과 돈이 지배하는 제국의 그림이었다. 그는 힘주어 다음과 같이 선언했다. "교회 공동체로서 우리의 잘못과 죄악은 이 그림들이 보여 주는 커다란 풍경화 밖에 있지 않습니다. 그것은 개인적 이기심의 합리화, 가족·지역 주민·민족·시민의 공존을 붕괴시키는 사회 중심부의 윤리적 가치의 부재입니다. 이 요소들은 산재해 있는 거대한 파괴적 실재들을 바꾸는 데 있어서 우리의 한계와 약함과 무능력을 말해 주고 있습니다."

이제 다음과 같은 질문이 제기된다. "이 모든 것을 바꾸려는 노력이 과연 의미가 있을까? 이런 상황에 직면한 우리가 무언가를 할 수 있을까?" 추기경은 이에 대해 명확한 답변을 제시했다. "할 수 있습니다.

모든 것이 새로워지고 달라질 수 있습니다. 하느님은 여전히 선하심과 자비하심이 충만하시고, 우리를 용서하시며, 우리가 다시 시작할 수 있도록 용기를 불어넣어 주실 준비가 늘 되어 있으시기 때문입니다."
신앙의 해는 "미래가 없는 수많은 어린이의 고통스러운 얼굴에서, 아무도 기억하지 않는 노인들의 떨리는 손에서, 도움을 주는 사람 하나 없이 힘든 삶을 이어 가는 수많은 가족의 비틀거림에서 당신을 드러내시는 주님과의 만남을 통해 우리에게 성숙의 기회를 부여하시는 하느님께서 주시는 선물입니다."

추기경의 열 가지 생각

무신론

"신을 믿지 않는 사람을 만나면, 저는 그들과 인간적인 문제에 대해 이야기를 나눕니다. 그들이 내게 먼저 꺼내지 않는 한, 내 쪽에서 그들에게 하느님에 관한 문제를 이야기하지 않습니다. 필요하다면 저는 그들에게 왜 내가 하느님을 믿는지 말해 줍니다. 우리 인간은 나눌 수 있는 것을 많이 가지고 있습니다. 우리는 서로 자신의 풍요로움을 평화롭게 공유할 수 있습니다. 믿는 이가 되는 순간부터 저는 그 풍요로움이 하느님께서 주신 선물임을 알고 있습니다."

가톨릭

"역사를 들여다보면 가톨릭의 형태는 주목할 만하게 변했습니다. 예를 들어 교황직을 생각해 봅시다. 교황직에 세속적인 권력과 영적인 힘이 결합했던 때가 있었습니다. 그것은 그리스도교가 왜곡된 것으로, 예수님이나 하느님이 원하시는 바와 일치하지 않았습니다. 인류 역사를 통해 종교가 많이 발전했다면 미래에도 그 시대의 문화에 맞춰 변할 수 있다고 생각해야 하지 않겠습니까? 문화와 종교 사이의 대화는 본질적인 것이며, 그 정신이 제2차 바티칸 공의회에서 잘 표현되었습니다. 교회에는 지속적인 회개가 요청됩니다(Ecclesia sempre reformanda, 교회는 항상 개혁되어야 한다). 그리고 그 변화는 교회의 가르침을 변질시키지 않으면서도 시간의 흐름 속에서 다양한 형태로 이루어집니다. 오늘날에 절대주의 시대와 구별되는 방식이 있듯이, 미래의 우리에게는 새로운 시대에 맞갖은 다른 방식이 있을 것입니다."

여성들

"가톨릭에서 많은 여성들이 말씀의 전례를 이끌고 있습니다. 그러나 그리스도교에서 대사제는 예수님이며 그분은 남성이므로 여성은 사제직을 수행할 수 없습니다. 그리고 신학적으로 형성된 전승은 사제직이 남성에게 전해진다는 것입니다. 여성들은 마리아의 모습을 비추며 그리스도교에서 다른 역할을 지니고 있습니다. 사회를 돌보고 받아들이는 공동체의 어머니가 여성입니다. 여성은 모성과 부드러움이라는 선물을 받았습니다. 이 모든 부요함이 통합되지 않으면 종교 공동체는 남성 중심적일 뿐만 아니라 엄격하고 딱딱하고 거룩함이 왜곡된 사회로 변형될 것입니다. 그렇지만 여성이 사제직을 수행할 수 없다는 사실이 여성이 남성보다 열등함을 뜻하지는 않습니다."

평신도

"본당 신부와 주교인 우리가 피해야 할 위험은 종교의 부패상을 보여 주는 성직 우월주의에 빠지는 것입니다. 가톨릭교회는 사제들을 포함한 하느님의 모든 백성을 말합니다. …교구 사제가 한 교구나 본당을 이끌 때는 공동체에 귀를 기울이며 심사숙고해 결정하고, 공동체와 소통하며 조화로운 방향으로 인도해야 합니다. 어떤 사제가 "여기서는 내가 명령합니다." 하는 식으로 자기 생각을 강요하게 되면 그는 결국 성직 우월주의에 떨어지게 됩니다. …교회는 인간적인 문제들에 대해 자율성을 옹호합니다. 그리고 건강한 자율성은 개인의 고유한 능력이 존중되는 건강한 평신도 정신입니다. 초월적인 것에 반대 입장을 취하거나 '종교는 제의방14)에서 나오지 말 것'을 요구하는 전투적인 평신도주의는 바람직하지 않습니다. 교회가 다양한 가치들을 부여하면 나머지는 자연스럽게 이루어집니다."

기도

"기도는 자유로운 행위입니다. 그런데 때로 우리는 기도를 통제하려고 합니다. 그것은 하느님을 통제하려는 욕구와 같습니다. 기도의 참모습을 변형시키는 것은 과도한 의식주의나 형식에 가두려고 하는 수많은 관습입니다. 기도는 말하고 듣는 행위입니다. 깊은 침묵과 경배의 순간에 잠겨서 무엇이 일어나는지 보려고 기다리는 것입니다. 기도에는 이 경배의 침묵과, 아브라함이 소돔과 고모라에 내릴 벌을 두고 하느님과 협상을 할 때처럼 일종의 계약이 함께 자리합니다. 같은 방법으로 모세는 주님께서 백성을 벌하시지 않도록 하려고 자기 민족을 위

---

14) 교회 전례 행사 때 필요한 제구祭具와 제의祭衣를 보관하기 위한 성당이나 부속 건물에 마련된 방으로, 보통 제대 가까이에 있다(『가톨릭대사전』 참조).

해 전구하면서 주님과 계약을 맺었습니다. 아브라함과 모세의 이러한 모습은 겸손과 경배에 결합된 용기 있는 태도이며, 기도하는 데 불가피한 요소이기도 합니다."

사제직

"우리는 신학교 지원자 가운데 약 40% 정도만 받아들입니다. 그렇게 하는 이유 중에 한 가지를 들자면 심리학적인 양상樣相입니다. 곧 영원한 안전을 추구하는 인간의 병리학적이며 신경학적인 요소가 있다는 말입니다. 자기 존재를 구현하는 데 성공하지 못한 어떤 사람들은 자신을 보호하는 데 필요한 조직을 찾습니다. 그리고 그 조직 가운데 하나가 성직입니다. 그러니 우리는 눈과 귀를 열어 사제직에 관심을 갖고 있는 사람들을 잘 살피도록 합시다. 그런 다음, 1년 동안 매 주말마다 청원자 가운데 누가 소명을 가지고 있는지 또는 단순히 피난처를 찾고 있거나 하느님의 부르심을 잘못 알아듣고 있는 것은 아닌지를 식별해야 합니다."

과학

"과학은 존중받고 격려를 받아야 하는 나름의 자치권을 가집니다. 과학자들의 권위에 개입할 필요는 없습니다. 과학은 본질적으로 하느님께서 위임한 도구의 하나입니다. 하느님은 '번성하여 땅을 가득 채우고 지배하여라.'(창세 1,28)라고 말씀하셨습니다. 과학은 자신의 자치 영역에서 미지의 세계를 문명으로 전환시킵니다. 그러나 주의할 것이 있습니다. 과학의 자치권이 자신의 한계를 정하지 않고 그 이상을 넘어가면 피조물이 창조주의 손을 벗어나 통제할 수 없는 지경에 이르게 됩니다. 프랑켄슈타인의 이야기처럼 말이지요. …과학의 한계를 보여 주는 가장 분명한 예는 인류를 파괴하는 무기가 될 수 있는 원자력입니다. 인간이 오만해질 때 제어할 수 없는 괴물을 만들어 냅니다. 그러므로 과학이 자기 한계를 정하는 일은 중요합니다."

섬김

"섬김은 그저 단순히 윤리적인 타협도 아니고, 시간이 남는 사람이 자원하는 일도 아니며, 이상향에 있는 한 가지 원리도 아닙니다. 우리 삶이 선물이라는 점을 생각하면 섬김은 우리 자신에게 충실한 것이라고 말할 수 있습니다. 그것은 곧 자신을 주는 능력 및 자기 한계의 끝에 이르기까지 사랑하는 능력과 관련이 있기 때문입니다. 복음 말씀은 단지 믿는 이들과 믿음을 실천하는 이들에게만 향한 것이 아닙니다. 권력의 참의미가 무엇인지 비추어 보도록 한다는 점에서 복음 말씀은 교회와 정치권력 모두에게 다가갑니다. 복음은 섬김이라는 새로운 사회적 구속력에 기초한 하나의 혁명을 이야기합니다. 권력이 곧 섬김입니다. 권력은 공동선을 이루기 위한 섬김에 이를 때에만 진정한 의미가 있습니다."

겸손

"하느님 백성의 위대한 지도자들도 때로 의심을 했습니다. 모세는 아마도 세상에서 가장 겸손한 사람이었을 것입니다. 그가 하느님 앞에서 그저 겸손했다는 사실은, 종교 지도자들이 하느님께 자리를 내어 드리고, 어둠이라는 내적 경험에서 무엇을 해야 하는지 깨닫고, 무엇을 해야 할지 알지 못하는 순간을 가지기를 요청합니다. 나쁜 지도자의 특징 가운데 하나는 자기 자신 안에 넣어 둔 확신으로 야기된 과도한 권위입니다."

바티칸

"사람들은 항상 바티칸의 부에 대해 말합니다. 어느 종교가 그 조직을 유지하는 데 돈이 필요하고, 그 돈이 은행 제도를 통해 흘러간다면 그것 자체는 불법 행위가 아닙니다. 바티칸 금고로 들어오는 돈은 대부분 나환자 요양소나 학교, 아프리카와 아시아, 아메리카 공동체를 위해 사용됩니다."

교회와 세계의 미래

 프란치스코 교황이 성모님에 관한 심오한 신학적 지식을 갖게 된 것은 그가 어릴 때부터 지극한 신심을 지닌 결과이다. 교황이 되어 내딛은 첫 행보에서 그가 보여 준 성모님을 향한 일관된 신뢰에서 그것을 잘 알 수 있다. 교황은 첫 공식 외출에서 꽃다발을 들고 성모 마리아 대성당의 바오로 경당 기적의 동정 마리아 앞에서 기도를 하고, 이어서 1538년 성탄 대축일에 로욜라의 이냐시오가 첫 미사를 봉헌했던 성당의 구유가 있는 제단에 경배했다.

그 순간 교황은 분명 아르헨티나의 주보 성녀인 루한의 성모님Nostra Signora di Luján과 라틴 아메리카 전체의 마리아를 대표하는 과달루페의 동정녀 모레니타Morenita를 생각했을 것이다. 그 밖에도 교황의 생애에 지속적으로 반복되는 13일이라는 날짜와 함께 파티마의 성모님이 떠올랐을 것이다. 1969년 12월 13일은 교황이 사제 서품을 받은 날이고, 1992년 5월 13일은 주교 서임 소식이 전달된 날이며, 2013년 3월 13일은 교황으로 선출된 날이다. 그리고 교황은 다시 자신의 손에 교회 공동체를 들고, 파티마의 성모님 축일인 오는 10월 13일에 성 베드로 광장 파티마의 성모상 앞에서 신앙의 해의 마리아 날을 경축할 예정이다.

잡지 〈예수회〉의 인터뷰에서 베르골료 추기경은 미래의 가톨릭교회

모습에 관한 질문에 다음과 같이 대답했다. "교회는 사람들의 실존적이고 윤리적이며 인간적인 발전과 함께 나아가야 합니다. 교회는 그러한 발전이 인간 안에서 성장하도록 해야 합니다. 인간은 하느님께서 당신을 계시하시는 장소이며 하느님의 모상이기 때문입니다. 그리스도인으로서 우리는 이러한 개념을 부인하거나 다른 곳에 넘겨 줄 수 없습니다. 저는 21세기가 종교적인 시대가 될 것이라고 믿습니다. 하지만 어떤 방식으로 그러할지 지켜보아야 합니다. 신앙심에는 우리 그리스도인이 그렇게 되어야 한다고 생각하는 것과 달리 하느님과 진실되고 심오한 인격적 만남을 추구하지 않고, 때로 심리학에 초심리학을 짜 넣은 일종의 모호한 신론이 수반되기도 합니다."

그리고 베르골료 추기경은 교회의 정체성을 규정하며 다른 이들과의 의미 있는 만남을 허락하는 세 가지 주요 기준을 제시했다. 그것은 초월성, 다양성, 계획성이다. "이 세 가지 지평은 다음과 같은 것들에 부정적으로 응답합니다. 먼저 초월성이 결여된 무신론에 '아니오.' 하고, 일방적이고 지배적인 생각을 갖게 하고 다양성을 부인하는 권력자들의 패권에 '아니오.' 하며, 역사를 존중하지 않는 혁신주의자들에게 '아니오.' 합니다."

또한 추기경은 2007년 11월 월간 〈트렌타 조르니30 Giorni〉와의 인터뷰에서 교회가 피해야 할, 교회에서 일어날 수 있는 가장 나쁜 일을 구체적으로 말했다. "그것은 드 뤼박De Lubac이 명명한 '영적 세속화'입니다. 교회와 교회에 속한 우리에게 이것은 가장 큰 위험입니다. 드 뤼박은 '영적 세속화는 타락한 교황들 시절에 하느님의 사랑스러운 신부인 교회의 얼굴을 일그러뜨린 혹독한 나병보다 더 위험하고 가장 나쁜 일이다.'라고 말했습니다. **영적 세속화는 자신을 중심에 놓는 것입니다.** 그것은 예수님이 바리사이들에게서 보았던 행위입니다. '너희는 자신에게 영광을 돌린다. 너희끼리 서로서로 높이고 있구나.'"

이제 그는 프란치스코가 되었고, 이전에 했던 말들은 명시적인 선언이 되고 있다. 하느님과의 인격적인 만남은 새 교황이 공식 회견에서 밝힌 내용의 중심에 자리하고 있다. 그리고 다른 사람들과의 대화는 교황 스스로 3월 14일 '교회를 위한pro ecclesia' 미사 강론에서 강조한 것처럼, 오로지 각자의 분명한 정체성에서 출발할 때만 가능하다. "우리는 많은 것을 세울 수 있습니다. 그렇지만 우리가 예수 그리스도를 고백하지 않으면 그렇게 할 수 없습니다. 그때 우리는 도움을 베푸는 비정부기구NGO가 될 수 있겠으나, 주님의 신부인 교회가 될 수는 없습니다."

3부
도전

미래를 위한 열 가지 매듭

베네딕토 16세의 사임이 발표된 직후, 가톨릭 주간지 〈파밀리아 크리스티아나Famiglia Cristiana〉에 교황의 사임에 대해 다음과 같은 논평이 있었다. "교황의 사임은 교회가 정화와 용서와 갱신의 길을 다시 걷게 한다. 이는 제2차 바티칸 공의회가 보여 준 개방과 대화의 정신으로 인간을 섬기는 교회가 되고자 함이다. 그리고 오늘을 사는 사람들에게 진리와 희망의 말을 제공하기 위함이다."

이 말에는 미래에 대한 예견 이상의 의미가 담겨 있다. 단순히 교회 공동체에서 우러나온 목소리에 그치는 것이 아니다. 교회가 가치와 확신을 가리키는 등대로서 오늘날 우리가 겪고 있는 힘든 시간에 여전히 빛을 비출 능력이 있다고 여기는, 사회의 보다 힘 있는 목소리의 요청이다.

어떤 면에서 이러한 인식은 추기경단의 수석 추기경인 안젤로 소다노가 교황 선출을 위한 미사pro eligendo pontifice 강론에서, 그리스도가 초대 교황 베드로와 그의 후계자들에게 부여한 사명을 말할 때 명시되었다고도 볼 수 있다. 강론에서 소다노 추기경은 "교회의 목자들이 가장 시급한 자선의 섬김에서부터, 사람들에게 복음의 빛과 은총의 능력을 제공하는 더욱 높은 섬김에 이르기까지 모든 시대 사람들을 섬기는 사명에 힘쓰도록 하는" 사랑을 복음의 핵심 메시지로 규정했다. 이어서 그는 그리스도와 한 몸을 이루는 여러 은사에 관한 성 바오로의 말을 강조하면서 동료 추기경들에게 강력한 일치의 메시지를 전했다. "우리는 모두 그리스도의 몸인 교회의 일치를 보여 주는 가시적 기초로서 베드로의 후계자와 협력하도록 부름을 받았습니다." 이는 교회가 가야 할 정확한 방향을 제시한 것이며 간과할 수 없는 절박한 호소이기도 하다.

분명코 새 교황은 전체 교회 공동체의 지지와 성령의 도움으로, 명예 교황의 공적과 긴밀히 연관된 도전들에 마주하고 그 벽을 넘어서는 책무를 어깨에 짊어지고 있다. 하지만 동시에 베네딕토 16세의 탁월한 교도권과 그가 교회의 부흥을 위해 심어 놓은 씨앗들 가운데 여러 개가 이미 싹트고 꽃을 피웠다는 사실은 새 교황에게 든든한 기반이 될 것이다. 청소 작업은 시작되었고, 이제 모든 먼지들을 깨끗이 털어 낼 때이다.

신앙의 해와 공포公布되지 않은 교황 회칙[15]

 베네딕토 16세가 프란치스코 교황에게 남긴 영적 유산은, 의심할 여지없이 제2차 바티칸 공의회 개막 50주년인 2012년 10월 11일에 시작해서 2013년 연중 마지막 주일인 11월 24일 그리스도 왕 대축일에 끝나는 '신앙의 해'이다. 베네딕토 16세가 신앙의 해를 제정한 동기와 그 중요성에 대해서 프란치스코 교황은 교황 즉위 미사 강론에서 이렇게 설명했다. "최근 수십 년 동안 영적 '사막화'가 심화되었습니다. 하느님 없는 세상에서 사는 것이 무엇을 뜻하는지요. 일부 역

---

[15] 교황 프란치스코는 2013년 7월 5일 첫 번째 회칙 「신앙의 빛Lumen Fidei」을 발표했다. 프란치스코 교황은 "베네딕토 16세가 2013년 2월 사임하기 전에 믿음에 관한 회칙의 초고를 거의 완성해 두었고, 자신은 그것을 이어받아 여기에 몇 가지 생각을 덧붙였다."고 밝혔다. 회칙은 서론과 4장의 본문과 결론으로 구성되어 있으며 개요는 다음과 같다. 첫째로, 이 회칙은 신앙이 지닌 고유한 빛의 성격을 강조하고 있다. 신앙은 모든 인간 실존을 밝혀 주고 인간이 선을 악에서 구별해 내도록 도와줄 수 있다. 특히 신앙이 진리 추구와 반대되는 환상으로 보이고 인간의 자유를 가로막는 것으로 여겨지는 이 시대에 더욱 그러하다. 둘째로, '신앙에 관한 공의회'였던 제2차 바티칸 공의회의 개막 50주년을 맞는 이 신앙의 해에, 「신앙의 빛」은 신앙이 펼쳐 보이는 폭넓은 지평에 대한 인식을 새롭게 하여 한 마음으로 온전하게 신앙 고백을 할 수 있게 하려는 것이다. 실제로, 신앙은 당연하게 주어지는 조건이 아니라 하느님께 받는 선물로 기르고 북돋워 주어야 하는 것이다. "믿는 이는 본다." 신앙의 빛은 하느님에게서 비롯되고 인간 실존의 모든 측면을 비출 수 있기 때문이다. 신앙의 빛은 과거에서, 곧 예수님의 생애에 대한 기억에서 오지만, 드넓은 지평을 열어 주기에 미래에서 오는 것이기도 하다(바티칸 통신Vatican Information Service, 2013년 7월 5일자 참조).

사의 비극적인 장면들을 보며 공의회 시절에 이미 그것을 알 수 있었습니다만, 오늘 우리는 불행하게도 매일 우리 주위에서 하느님 없는 세상을 봅니다. 공허가 점차 확산되고 있습니다. 그렇지만 바로 이 광야, 이 공허함을 경험하면서 우리는 여기서 출발해 다시 새롭게 믿음의 기쁨과 모든 인류에게 필요한 신앙의 절대적 중요성을 발견할 수 있습니다."

'새로운 복음화'와 '점점 하느님을 두 번째 위치에 놓게 만드는 현 상황에서 하느님을 향한 우리 신앙을 강화'해야 하는 도전이 새 교황에게 과제로 주어졌다. 지난 2월 27일 명예 교황(베네딕토 16세)은 마지막 일반 알현에서 신앙의 해에 관한 좌표를 다시 간략하게 설명했다. "저는 모든 사람들이 주님에 대한 굳건한 믿음을 다시 세우고 어린아이처럼 하느님의 두 팔에 의탁하기를 청합니다. 그분의 두 팔은 늘 우리를 붙들어 주시고, 우리가 일상의 삶에 지쳤을 때 일어나 걸어갈 수 있도록 내밀어 주십니다. 저는 여러분 한 사람 한 사람이 우리에게 당신 아들을 보내 주시고 한없는 사랑을 보여 주신 하느님 그분에게 사랑받고 있음을 느꼈으면 좋겠습니다. 저는 여러분이 그리스도인으로 사는 것이 얼마나 큰 기쁨인지를 마음 깊이 느꼈으면 좋겠습니다."

'신앙의 해'와 관련해 프란치스코 교황이 구체적으로 협력할 수 있는 부분은, 베네딕토 16세가 초자연적 덕에 관한 3부작을 완결하기 위해 출간한 「하느님은 사랑이십니다」(Deus caritas est, 2005년)와 「희망으로 구원된 우리」(Spe salvi, 2007년)에 이어 준비해 놓은 신앙의 해에 관한 회칙의 간략한 개요이다. 작년 12월에 교황청 공보실 대변인 페데리코 롬바르디Federico Lombardi 신부는 교황의 새 회칙이 출간될 것이라고 발표했다. 그러나 베네딕토 16세의 사임 이후에 바티칸 대변인은 그 문서가 공개되지 않을 것이라고 밝혔다.

명예 교황이 그 문서에 부여하고자 한 해석 열쇠는 새로운 복음화의 역동성이다. 2012년 10월에 열린 새 복음화 세계주교대의원회의의 제목은 원래 '그리스도교 신앙의 전승'이었다. 그러나 교황은 여기에 '새로운 복음화'라는 말을 덧붙여서 '그리스도교 신앙의 전승을 위한 새로운 복음화'로 채택하기로 했는데, 여기에서 그 해석의 열쇠를 알 수 있다. 그리고 그 유산을 준비하는 작업을 위해 리노 피시켈라Rino Fisichella 대주교가 이끄는 신설된 교황청 새복음화촉진평의회에 전문가들이 부름을 받았다.

어찌됐든 새 교황 프란치스코가 회칙을 다시 만들기를 원한다면, 본래의 문서는 요셉 라칭거의 이름으로 출간될 수 있을 것이다. 바티칸 홍보실장인 페데리코 롬바르디 신부는 그런 상황을 가정했다. 그 경우에 요셉 라칭거의 문서는 분명 교황 교도권에 속하지 않겠지만, 2013년 신앙의 해와 사임 이후 이어지는 평범한 하느님의 백성으로서 그의 삶에 의미 있고 중요한 기여가 될 것이다.

교황청의 개혁

 성좌Santa Sede 행정부에 속하는 로마 교황청(Curia, 교황의 직무를 돕는 기구)의 개편은, 그동안 콘클라베에 앞서 개최되어 새 교황의 임무로 가장 시급한 주제가 무엇인지 논의되었던 10번의 추기경단 전체 회의에서 160명이 넘는 추기경들이 발의한 가장 공통적인 사안 가운데 하나였다.

추기경들이 교황청의 개편을 촉구한 데에는 근본적으로 교회 관료 제도 운영에서 효율성 향상을 위해 조직과 산하 기구를 재편성해야 한다는 관심보다, 오히려 가톨릭교회의 전반적인 행정 업무에서 교황을 보좌하는 중앙 조직들이 점점 관료주의로 기울고 있는 것에 대한 불안이 자리하고 있다.

1983년 요한 바오로 2세가 반포한 교황청의 개념과 각 부서 조직의 업무 지침을 정리한 교황령 '착한 목자Pastor bonus'는 교황청을 이렇게 설명한다.

"교황청은 보편 교회와 개별 교회들의 선익과 봉사를 위한 교황의 최상 사목 직무 수행 중에 교황을 정성껏 보필하는 부서들과 기관들의 집합체이다. 그로써 신앙의 일치와 하느님의 백성의 친교가 강화되고 이 세상에서 교회의 고유한 사명이 증진된다."

요한 바오로 2세의 이 정의는 베네딕토 16세의 지난 2월 27일 마지막 일반 알현에서도 분명하게 제시되었다. 교회는 "종교인들이나 인간들의 목적을 위한 조직이나 단체가 아니라, 살아 있는 몸, 곧 예수 그리스도의 몸을 이루는 형제자매의 공동체입니다." 교회 기구에 대한 그의 생각은 2월 28일 추기경들과 작별 인사를 나누며 "교회는 책상 위에서 고안되거나 만들어진 제도가 아니라 살아 있는 실재입니다."라는 위대한 사상가 로마노 과르디니의 말을 인용했을 때 더욱 강조되었다.

따라서 이는 미국에서 이미 일반적인 용어가 된 '**국정관리체계**' (governance, 일방적 정책 결정 등 전통적인 정부 운영 방식이 아닌, 사회 각 분야의 협력을 통해 공적 업무를 공동으로 추진한다는 통치 개념)**를 열의 없이 다시 정립하는 것이 아니라, 세계 교회의 지도자인 교황이 교회의 필요를 이해하고 그에 맞는 실질적인 응답을 제시할 수 있도록 모든 가능한 도움을 제공하는 보좌업무의 재개를 가리킨다.** 교황청 성청 장관들이 가장 강조한 방식 가운데 하나는, 때로 과도한 개입으로 구설수에 오르는 국무원장의 중재 없이 교황과 직접 소통하는 것이다. 아마도 제일 먼저 할 수 있는 일은 '성청 장관 정기 업무보고udienze di tabella'를 다시 하는 일일 것이다. 이는 성청의 각 장관과 평의회pontificio consiglio 의장이 지속적이며 예정된 약속을 통해 교황을 개인적으로 만나는 것을 가능하게 하는 제도이다.

베네딕토 16세가 2월 28일에 추기경들과 만나서 그들에게 다음과 같이 촉구했을 때, 이미 그러한 방향으로 화살이 날아간 것을 알 수 있다. "깊은 일치 안에서 성장합시다. 그렇게 하여 추기경단이 오케스트라가 되면, 거기에서 보편 교회의 소리들인 다양성이 조화를 이루며 더 높이 아름답게 울려 퍼질 것입니다."

바티리크스 파문

교황으로서 마지막 날 베네딕토 16세는 적지 않은 순간 그의 발을 걸어 넘어지게 하고 고심하게 했던 걸림돌들에 대해서 여러 감정이 교차하는 어조로 회고했다. "교황으로 일한 지난 8년 동안 우리는 교회의 길을 걸으며 믿음과 함께 눈부시게 빛나는 지극히 아름다운 순간들을 보냈습니다. 그러나 때로는 하늘에 짙은 구름이 드리운 순간도 있었습니다."

작년 2012년에는 바티칸의 기밀문서가 유출되어 출판까지 되는 사건이 발생했다. 바티칸이 내부 조사를 통해 찾아낸 그 음흉한 '까마귀'는 교황의 집사 파올로 가브리엘레Paolo Gabriele였다. 그는 5월 23일에 체포되었고 범행을 자백했다. 젊은 가브리엘레를 아들처럼 여기고 아침에 일어나서부터 저녁 잠자리에 들기까지 옆에 두었던 베네딕토 16세에게 이 사건은 깊은 마음의 상처가 되었다.

명예 교황은 지인들에게 고통스럽다고 밝히면서 집사의 행위를 이해하기 어렵다고 토로했다. 가브리엘레가 교황의 책상에서 문서를 빼낸 것은 철저한 배신행위였다. 그는 교황의 개인 비서인 게오르그 겐스바인 주교에게서도 문서를 훔쳤다.

한편 가브리엘레는 파면되었고 범행 동기를 밝혔는데, 그가 생각하기에 교황에게 알려지지 않은, 추기경들과 로마 교황청 직원들 사이의 갈등을 바티칸 벽 너머 외부 세계에 알리고 싶었다고 했다. 결국 심각한 문제를 인식하게 만든 돌멩이 하나가 잔잔한 연못에 던져진 것이다.

'바티리크스'(Vatileaks, 바티칸과 위키리크스의 합성어)라고 불리는 이 사건은 유출된 문서로 야기된 수많은 실제적 문제 외에, 바티칸 내부에 엄청난 소용돌이를 불러일으켰다. 일부 기관 대표자를 다른 부서로 전임시키는 결정에까지 이르렀으며, 바티칸에서 일하는 사람들 사이에 의심과 비난이 들끓었다. 불신의 기류는 콘클라베 이전에 열린 추기경단 전체 회의까지 만연된 것으로 보인다. 두 명의 추기경이 비공개 방에서 나눈 이야기에 관한 보고서가 외부로 흘러나갔음을 두고 상호 비난하는 일이 일어나기도 한 것으로 알려졌다.

마지막 재의 수요일 강론에서 베네딕토 16세가 "때로 손상된 교회의 모습을 드러내기 위해 우리 각자와 공동체의 그리스도교 신앙과 삶을 증거하는 중요성"을 강조한 것은 그때의 사건을 가리키는 것으로 보였다. 이어서 그는 "특히 그 일그러진 얼굴에서 교회의 일치를 거스르는 죄와 교회 조직의 분열이 떠오릅니다."라고 말했다.

오랫동안 교황청 신앙교리성16)의 검찰관을 맡았으며, 현재 말타의 보좌주교인 찰스 시클루나Charles Scicluna 몬시뇰은 베네딕토 16세가 베드로 직무를 사임할 결심을 이해할 수 있는 중요한 열쇠를 제공했다.

---

16) 교황청 기구의 하나로 신앙의 순수성과 정통성의 유지 발전을 사명으로 하고 있다(「가톨릭대사전」 참조).

"그분은 빈자리를 만들고자 했으며, 그분의 사임은 추기경들이 그냥 손을 놓고 앉아 있어서는 안 된다는 메시지를 전달하는 것이었습니다. 모든 사람이 자리에서 물러나기를 바라거나 면직시킬 수 없는 상태에서, 말하자면 그는 '저는 떠납니다. 그러니 이제 다음 교황의 선택에 달렸습니다.'라고 선언한 것입니다." 그렇다면 **국무원장을 비롯해서 바티칸의 여러 보직을 수행할 사람들을 빠른 시일 안에 임명하는 일**이 결국 프란치스코 교황 손에 넘겨진 것이다.

주교단의 단체성과 공동 책임

'목자'와 '양들' 사이에는 어떤 대립도 없으나, 하느님 백성 안의 공동체라는 기초 위에 수직적인 여러 단계가 있다. 콘클라베를 준비하는 기간에 교회 중심부의 권위 있는 목소리에서 제시된 주요 안건 가운데 하나는 **주교단의 단체성**collegialita**과 평신도 그리스도인들을 대표하는 보다 능력 있는 대표자들을 세우자**는 요청이었다.

첫 번째 양상은, 프란치스코 교황과 같은 예수회원 바르톨로메오 소르즈Bartolomeo Sorge 신부가 〈파밀리아 크리스티아나〉에서 다음과 같이 밝힌 것을 통해 이해할 수 있다. "베드로의 수위권을 논하지 않으면서 이제는 교황의 직무 형태를 재고하는 용기가 필요합니다. 세계화가 된 오늘날 전 세계적으로 권위 있는 기구의 도움 없이는 더 이상 어떤 교황도 교회를 인도하기 어렵습니다. 곧 단체적으로 주교단은 완전한 직무 수행을 통해 교황을 보좌하면서, 교회가 이미 국소적인 차원이 아니라 지구 전체의 유기적인 복잡한 문제들을 직면하도록 도움을 주는 것입니다. 주교단의 정도正導는 교회의 머리에서부터 지역 차원에 이르기까지 활동할 수 있을 것입니다."

두 번째 문제는, 역사 학자 조르지오 캄파니니Giorgio Campanini가 〈파밀리아 크리스티아나〉에 쓴 글을 통해 알 수 있다. "사제직의 직무「교의 헌장」에서 밝히고 있듯이 일부 사람들에게 귀속된 것이 아니라 모든 신자들에게 공통된)의 가치에 대한 논의와 상관없이, 많은 일들이 능력 있고 준비된 평신도들의 손에 맡겨질 수 있습니다. 특히 평신도의 공동 책임이 무엇보다 먼저 여성들에게 방향을 맞추어야 함은 굳이 강조할 필요도 없을 것입니다. 이는 요한 바오로 2세의 사도적 서한 '여성의 존엄Mulieris dignitatem'에서 이미 그 중요성을 인식하였으나, 실제 교회에서 아직도 극히 부분적으로만 적용되고 있는 여성들의 '재능'으로 교회를 풍요롭게 하는 것입니다."

여기에서 한걸음 더 나아간 도전은 여성 평신도들의 참여를 대대적으로 확대하는 것이다. 곧 그리스도교 역사에서 세대를 이어 신앙을 전승하는 주요 동력이었던 가정의 어머니들, 또는 앞서 수많은 수도 공동체를 낳게 한 다양한 은사가 오늘날에도 그 힘을 발휘할 수 있도록 은사를 재발견해야 할 사명의 의미가 무엇인지 스스로 묻고 있는 여성 수도자들이다.

이제 제2차 바티칸 공의회가 끝나고 50년이 된 시점에서, 바오로 6세가 그때 공의회 최종 문서에서 여성들에게 보낸 메시지를 다시 펼쳐 놓을 수 있겠다. 그렇게 함으로써 그 말씀이 오늘의 교회와 세계에 여전히 가치가 있음을 다시금 인식할 수 있을 것이다. "여성의 소명이 충만하게 성취되는 때가 왔습니다. 여성들이 사회에서 영향력을 행사하고 빛을 발하며 지금까지 얻지 못했던 힘을 얻는 때입니다."

아동 성범죄와의 싸움

   추기경으로 돌아온 베네딕토 16세가 2005년 3월 콜로세움 광장에서 행한 '십자가의 길' 전례에서 했던 말을 다시 읽어 보면, 그것이 교회 내부의 '타락상'을 언급하고 있음을 잘 알 수 있다. "주님, 당신의 추수 마당에서도 저희는 알곡보다 가라지를 더 많이 볼 수 있습니다. 더럽혀진 당신 교회의 옷과 얼굴에 저희는 당황해 어쩔 줄 몰라 합니다. 그런데 그 옷과 얼굴을 더럽히는 것은 바로 저희들입니다! 과장된 말과 허황된 몸짓에 이어 매 순간 당신을 배반하는 것이 바로 저희들입니다. …교회 안에 얼마나 더러움이 많은지요. 온전히 하느님께만 속해야 하는 사람들, 사제직 안에도 더러움은 존재합니다."

베네딕토 16세가 교황이 되어서 내린 가장 강력한 결정 가운데 하나는 '그리스도의 군대Legionari di Cristo' 수도회의 총장이자 창설자인 마르시알 마시엘Marcial Maciel 신부를 면직시킨 일이다. 마시엘 신부는 성추행 사건으로 고발되었고, 교황청 인사들의 산하 기관 방문 조사로 그 고소 내용이 확인된 후에 교황이 취한 조치였다.

이와 유사한 사건과 관련해 추기경들 사이에 개인적인 충돌까지 일어났다. 2010년 비엔나의 대주교 크리스토프 쇤본Christoph Schönborn 추기경은 몇 년 전 신학생들을 성추행한 혐의를 받은 비엔나의 한스 헤르만 그로어Hans Hermann Groër 전 추기경에 관한 조사를 방해했다는 이유로 바티칸 전 국무원장 안젤로 소다노 추기경을 비판했다.

한편 베네딕토 16세 교황은 부패한 신부들에 관한 신앙교리성성의 조치를 공개적으로 밝히기를 촉구했다. 이미 2001년에서 2003년 사이에 당시 요제프 라칭거 신앙교리성성 장관과 요한 바오로 2세 교황은 성범죄 피해자들에게 사법부에 재소할 것을 강조했다. 또한 주교회의가 사법부와 공조할 것을 요청하고, 혐의가 인정된 사제들이 성직자 신분에서 면직되는 것은 상소할 수 없도록 규정하면서, 이 중대한 범죄행위에 대해 강력하게 대응하기로 결정한 것이 마침내 실행된 것이다.

이 강력한 철퇴는 (성범죄자가 속해 있는) 교구(대표)가 (해당 사제에게) 성추문에 휩싸인 사건에 대해 강력하게 처단하는 능력을 보여 주지 못하거나, 그런 종류의 범죄에 스스로 연루된 주교들에게도 적용되었다. 실제로 **교회법 제401조 제2항의 '자기 직무를 수행하기에 덜 적합함'을 보여 주는 '중대한 이유' 때문에 '면직된' 10명 정도의 주교들이 있다. 이것은 이제 더 이상 어느 누구에게도 면책이 보장되지 않는다는 분명한 신호이다.**

바티칸은행의 재정 문제

 지난 3월 콘클라베에 앞서 개최된 추기경단 전체회의에서, 바티칸의 재정 문제가 논쟁의 중심이 되었다. 그 가운데 많은 추기경들이 촉구한 것은 바티칸은행의 구체적 실상을 알 수 있는 적절한 정보 제공이었다. 대변인 페데리코 롬바르디 신부가 추기경단 회의 정례 브리핑에서 확인해 주었듯이, 여러 추기경들이 바티칸은행, 곧 '종교 활동을 위한 기관'(Istituto opere di religione, 일명 Ior)의 최근 상황에 관해 보다 명확하게 알기를 원했다.

타르치시오 베르토네 추기경이 명시적으로 촉구한 에토레 고티 테데스키Ettore Gotti Tedeschi 바티칸 은행장의 갑작스러운 '경질'은 사실상 바티칸 재정 최고위층에서 충돌이 있었다는 것을 결정적으로 보여 준다. 실제로 일부 교회 전문가들은 바티칸은행의 현 체제가, 변화하는 시대와 교회 공동체 내부나 외부에서 촉구하는 전적인 투명성 요청에 부응하는지에 의문을 제기한다.

2009년 9월 23일의 바티칸 은행장 임명 때부터 2012년 5월 24일의 경질에 이르기까지 30개월 조금 넘는 기간은, 한 은행가가 그 많은 계획을 실현하는 임무를 수행하는 데 충분한 시간은 아니었다. 그렇지만 무엇보다 충격적인 것은 은행장 해임 사유였는데, 그것은 고티 테데스키가 전문가적 능력과 올바른 업무 수행력을 보여 주지 못한 것에 책임을 물었다는 점이다.

베네딕토 16세 교황의 사임 발표가 있은 뒤 그의 재위 기간 끝 무렵인 2013년 2월 15일에 바티칸의 새 은행장이 임명되었다. 독일 변호사 에른스트 폰 프레이베르그Ernst von Freyberg가 바티칸은행의 새 총재가 되었다. 그리고 다음 날 바티칸은행의 금융감독위원회 조직이 개편되면서 타르치시오 베르토네 추기경은 계속 의장직을 유지했지만, 투명성을 주장하는 다수의 추기경들 가운데 한 사람인 도메니코 칼카뇨 Domenico Calcagno 추기경이 아틸리오 니코라Attilio Nocora 추기경 대신 위원회에 들어갔다.

그런데 바티칸은행의 이러한 개편 결정은 여러 면에서 의문점을 낳았다. 오랜 선택 과정을 거치고 훌륭한 프로필을 가진 사람을 찾는 전문 기관을 통한 결정임에도 불구하고, 현실적으로 새 교황을 기다리고 있는 시점에 꼭 그런 결정을 내려야 했는지에 의문이 집중되었다.

추기경들 사이에도 긴장감이 감돌고 있음이 드러났다. 외부로 유출된, 비공개 방에서 나눈 비밀 대화에서 타르치시오 베르토네 추기경이 그가 의장으로 있는 금융감독위원회의 업무를 변호하고, 바티칸은행의 특성과 돈 세탁에 대응하는 '머니발'(Moneyval, 유럽의회의 돈세탁과 테러자금 감시기구) 국제통화조정위원회에 편입되는 과정을 설명하기 위해 개입했음이 알려졌다. 하지만 다른 동료 추기경들이 바티칸은행 운영에 관해 공개적으로 분명하게 이의를 표명한 것을 보면, 그 설명으로는 부족했음이 확실하다.

새 교황 재임 초기인 요즈음 대중 매체의 경솔한 행동이 넘쳐 나고 있다. 예를 들어 '라 스탐파' 신문은 에토레 고티 테데스키가 해임되기 며칠 전에 바티칸은행의 금융감독위원회 의장이며 교황청 국무원장인 타르치시오 베르토네 추기경에게 은행 국장인 파올로 치프리아니Paolo Cipriani를 물러나게 하라는 말을 전했다고 보도했다.

바티칸은행과 관련해서 계속 흘러나오는 이러한 정보들로 인해 많은 추기경들은 한 가지 생각을 굳히게 되었다. 곧 콘클라베 개회 이전에 그들 사이에 논의된 바티칸은행 관련 사안을 새 교황이 심도 깊게 다루어 주기를 청원하는 것이었다. 한 인터뷰에서 다음과 같이 밝힌 나이지리아 아부야Abujia 대교구장 존 오나예칸John Onaiyekan 추기경의 말이 그것을 잘 대변해 주고 있다. **"바티칸은행은 베드로의 후계자인 교황의 본질적 직무가 아닙니다. 저는 성 베드로에게 은행이 있었는지 모르겠습니다. 바티칸은행은 근본적이지도, 성사적이지도, 그리고 교의적이지도 않습니다."**

이슬람과 유다교의 대화

베네딕토 16세 교황은 자신의 재위 기간에 다른 유일신교 대표자들과의 대화에서 미묘한 순간을 맞기도 했다. 어떤 때에는 가톨릭과 다른 종교의 향후 관계가 우려되기도 했다. 특히 2006년 9월 12일 교황이 자신의 모국인 독일 라티스본Ratisbone 대학교에서 한 강연이 문제가 되었다. 강연에서 교황은 이슬람교 창시자 무함마드(마호메트)를 폄하하는 중세 그리스도교 문헌(Manuele II Paleologo)을 인용했고, 이 사실이 온 세상에 알려졌다. 교황이 인용한 내용은 다음과 같다. "무함마드가 가져온 새로운 것을 내게 보여 주시오. 그러면 당신들은 그것에서 사악하고 비인간적인 것들만 발견하게 될 것입니다."

강연 전체 내용에서 따로 떼어 낸 이 부분이 교황의 생각으로 이해되었고, 이는 전 세계 이슬람인의 저항을 불러일으킨 기폭제가 되어 그리스도교에 반대하는 시위와 폭동이 일어났다. 바티칸 국무원장의 명료하고 솔직한 해명과 그해 11월 교황의 터키·요르단·이스라엘·레바논 지역 방문으로 논쟁은 수그러들었으나, 그 사건은 커다란 흔적을 남겼다.

뒤이어 몇 달 동안 138명의 이슬람교 신도들이 교황과 그리스도교 교회의 수많은 대표자들에게 편지를 보낸 것을 볼 때 결과적으로는 그 사건이 **그리스도교와 이슬람 사이의 대화**를 촉진시키는 역할을 했다. 그 편지에는 이슬람의 가르침이 전쟁과 폭력을 거부하고 있음을 강조하고, 목적이 수단을 정당화하는 망상주의자들의 꿈을 정죄定罪한다는 내용이 담겨 있다. 그리고 두 종교가 공유하는 하느님과 이웃 사랑이라는 으뜸가는 두 계명에 기초한 이슬람과 그리스도교의 관계를 내다보고 있다.

한편 신학적인 관점에서 베네딕토 16세와 유다인들은 올바르게 연결되어 있다. 이는 요한 바오로 2세의 강조점을 이어받아 실천하는 것으로, '아우'인 그리스도인들과 '형'인 유다인들 사이에 둘을 연결하는 특별한 끈이 있음을 잊지 않는 것이다. 그리고 2010년 1월 요한 바오로 2세의 발자취를 따라 베네딕토 16세가 로마에 있는 유다교 회당을 방문한 일 역시 그리스도인과 유다인의 유대관계를 다시금 확고하게 했다.

반면에 논란이 되고 있는 것은, 두 교회 사이의 다른 사건들과 얽혀 일어나는 문제들이다. 유다인들의 회개를 촉구하는 성 금요일의 기존 전례문은 랍비들에게 부정적인 평가를 받아 왔는데, 새 기도문은 유다인들의 성찰을 간구하는 내용으로 바뀌는 데 그치며 여전히 많은 랍비들의 항의를 받고 있다. 한편 얼마 전 영국의 주교 리차드 윌리암슨Richard Williamson은 한 인터뷰에서 독일 나치 시대 유다인 수용소 안에 가스실이 있었음을 부인하고, 홀로코스트로 인해 죽은 희생자를 6백만 명이 아니라 2, 3십만 명으로 축소시켜 발언해 파면되는 사건이 발생했다.

그러나 들끓던 문제도 어느새 가라앉았다. 로마의 랍비 대표 리카르도 디 센니Riccardo Di Segni가 베네딕토 16세 교황의 사임 발표 즈음해서 한 발언에서 그것을 알 수 있다. "세심하고 예민한 베네딕토 16세는 훌륭하게 대화를 할 줄 아는 분이었고 지금도 그러합니다. 특히 우리 사이의 상호 존중과 건설적인 관계를 위한 약속으로, 그리스도교의 유다교 뿌리를 강조하는 그의 세심함을 높이 평가합니다. 물론 두 세계 사이에 놓여 있는 본질적이며 해소될 수 없는 다름 때문에 서로 갈라지는 순간들도 있었습니다. 하지만 항상 상대방에 대해 긍정적이고 건설적인 의도가 자리하고 있었습니다."

전통주의자들을 향한 개방

1952년 요한 23세의 개정판 라틴어 미사 경문으로 미사를 봉헌하는 것에 동의하는 베네딕토 16세의 자의 교서 「교황들 Summorum Pontificum」은 어쩌면 그의 교황 직무에서 가장 이의가 제기된 문서일 것이다. 그러나 그 결정의 기저에는 아직도 기존의 라틴어 전례 전통에 익숙한 신자들을 교회가 포용하고 있음을 보여 주고자 하는 바람이 자리하고 있었다. 이는 분명 제2차 바티칸 공의회 정신에 반대하는 입장에 양보하거나 과거의 '반개혁주의'로 돌아가는 것을 의미하지 않는다.

어떤 면에서 교황은 종교 자유와 교회 일치를 주창한 공의회 정신과 결정을 거부하고 극단적 전통주의자들의 공동체(성 비오 10세의 성직 형제회Fraternita sacerdotale San Pio X)를 설립한 마르셀 르페브르Lefebvre 주교와 화해하는 모습을 보여 주고자 한 것 같다. 성 비오 10세의 성직 형제회는 교황의 명을 어기고 신부 4명을 주교로 서품했고, 1988년 교황 요한 바오로 2세에 의해 파문을 당했는데, 최근 10여 년 동안 그들의 사면과 복귀를 둘러싸고 긴장된 대화가 오갔다.

이 문제와 관련해 지난 1월 18일 성 비오 10세의 성직 형제회 문제를 다루는 '르페브르의 성 비오 10세 형제회원 재일치 위원회'의 의장 게

르하르트 루드비그 뮐러Gerhard Ludwig Müller 대주교는 그 형제회의 장상인 베르나르드 펠레이Bernard Fellay 주교에게 서한을 보냈다. 그 서한을 통해 뮐러 주교는 베네딕토 16세의 사임으로 교황직이 공석이 되는 2월 28일 이전에 바티칸에 긍정적인 답장을 촉구한다는 내용을 전달했는데, 이는 결과적으로 성 비오 10세의 성직 형제회에 새로운 기회를 부여하려는 방법이었다.

그러나 성 비오 10세의 성직 형제회는 그 서한에 비공식적 회신을 보냈을 뿐이다. 2012년 6월 교황청에서 화해를 위해 제안한 문서인 '교리에 관한 전문Preambolo dottrinale'에 대해서 아무런 공식적 답변을 하지 않았다. 그 형제회의 대표자들은 그 문서가 교회의 전통을 올바르게 해석하고 있는지와 제2차 바티칸 공의회가 전통과 조화를 이루는지에 대해서 받아들이기 힘든 점들이 있다는 입장을 시사했다.

성 비오 10세의 성직 형제회 대표자들은 베네딕토 16세의 사임과 관련, 공식 성명을 통해 그에게 존경을 표했다. "성 비오 10세의 성직 형제회는 베네딕토 교황이 전통 미사가 결코 파기되지 않았음을 기억하고, 그분이 파면당한 주교들을 사면하고 1988년에 그들을 복권시키는 용기를 보여 준 것을 결코 잊지 않을 것입니다. 우리 형제회는 이러한 결정에 뒤이은 반대와, 교황이 전 세계 주교들 앞에서 자신의 결정을 설명한 일을 간과하지 않습니다. 또한 우리는 어려운 상황에 직면해 교황이 보여 준 힘과 굳건함에 깊은 감사의 마음을 전합니다. 그리고 이제 수확에 바치고자 하는 시간을 위한 그분의 기도가 이루어질 것이라고 확신합니다."

교황청은 성 비오 10세의 성직 형제회에 대해 교회법적 최종 결정을 내리기 위한 조건들을 명시한 바 있다. 이의 수용 여부에 대한 형제회 측의 답변 기한을 언제까지 연장할 것인지 결정하는 일은 이제 프란치스코 교황의 몫이 되었다.

메주고리예 조사위원회

　　베네딕토 16세 교황의 사임 소식은 루르드 성모님 전례 축일인 2월 11일에 전해졌다. 일부 사람들의 생각에 의하면 교황 사임 발표가 그날에 이루어진 것은 우연이 아니었다. 사임 발표 후 전임[17] 교황은 이후 자신과 교회와 세상의 미래를 성모님의 보호 아래 두고자 함을 일관성 있게 보여 주었다.

요한 바오로 2세는 후임자에게 성모님과 관련한 유산을 물려주었는데, 현재 '추정되고 있는' 또 다른 성모 발현이 그것이다. 곧 1981년 처음으로 여섯 아이들에게 나타난 뒤로 현재까지 30년 넘게 발현이 계속되고 있는 '메주고리예Medjugorije의 마리아'이다.

당시 교황청 신앙교리성성 장관이었던 요셉 라칭거 추기경은 이 문제에 극도로 신중한 자세를 보였다. 첫 발현이 있은 뒤 메주고리예가 있는 모스타르의 두 명의 교구장 주교는 이 발현의 진정성에 대해 부정적이었고 교회는 그들의 견해에 권위를 부여했다.

그 뒤 교황이 된 베네딕토 16세는 이 문제가 단순하지 않음을 잘 알았고, 특히 발현 사건이 알려진 이후 이와 관련된 사목적 문제를 사려

---

17) 한국주교회의에서는 베네딕토 16세를 전임 교황으로 호칭하기로 결정하였다.

깊게 검토해야 했다. 세계 도처에서 수많은 신자들이 성모님이 발현하신 곳으로 알려진 메주고리예가 있는 보스니아 헤르제고비나를 순례하기 위해 끊임없이 몰려오고, 성모님의 발현을 본 목격자가 나왔으며, 각 대륙의 수많은 기도 모임이나 증언 모임에 많은 사람들이 참석하고 있었기 때문이다.

그리하여 교황은 2010년 3월 17일 '메주고리예 성모 발현 사건'을 조사할 국제 위원회를 발족하는 결단력을 보였다. 로마 교구 총대리였던 카밀로 루이니Camillo Ruini 추기경이 그 위원회의 의장으로, 그와 함께 이 일에 협력할 사람들로 추기경·주교·전문가들이 임명되었다. 비밀리에 조사 작업이 진행되고 결과가 신앙교리성성으로 전달된다. 그런데 위원회의 조사 작업이 2013년 가을까지로 예정되어 있어 너무 더디다는 생각이 들게 한다.

그 사건에 큰 관심을 가지고 있는 신자들은 조사 결과를 기다리고 있다. **교황청 신앙교리성성이 1978년에 공표한 '추정된 발현이나 계시의 식별 절차에 관한 규범들'은, 조사를 끝맺는 판단으로 단지 '초자연성에 부합한다'**(consta la sopranaturalità)**와 '초자연성에 부합하지 않는다'**(non consta la sopranaturalità)**라는 두 가지 가능성만 인정한다. 이는 다양한 발현 진위 여부 판단에서 결정적으로 어느 하나를 선언하기가 불가능함을 보여 주기 위해 교구장들이 사용한 중간보고들을 포함시키지 않은 것이다. 그러나 '메주고리예 성모 발현 사건'은** 조사 위원회와 신앙교리성성의 판단이 유일한 기준이 되는 한편, **궁극적인 결정은 새 교황의 몫**이 될 것이다.

선임자와의 '동거'

베네딕토 16세는 지난 2월 28일에 추기경단에게 마지막 인사를 하면서 다음과 같이 명확하게 밝혔다. "여러분들 가운데 미래의 교황이 있습니다. 저는 오늘 그 미래의 교황에게 한없는 존경과 순명을 약속합니다." **바티칸에서 새 교황 프란치스코와 전임 교황과의 전례 없는 '동거'**는 어떤 종류의 우려도 잠재우는 베네딕토 16세의 이 분명한 선언과 함께 시작되었다.

전임 교황 베네딕토 16세는 사임 후 얼마 동안 교황 별장 카스텔 간돌포에서 지내다가 바티칸으로 돌아왔다. 그의 거처는 성 베드로 광장에서 멀지 않은 바티칸 라디오 방송국 첨탑 옆, 바티칸 언덕에 위치한 '교회의 어머니 봉쇄 수도원Mater Ecclesiae'을 개조해 마련되었으며, 그가 바란 대로 고요와 명상에 잠길 수 있는 공간이 될 예정이다. 더 이상 아무도 그를 공식적으로 방문하는 일은 없을 것이다.

새로 선출된 교황은 3월 23일에 이루어진 두 사람의 친근한 만남 이전에, 베네딕토 16세에게 전화를 걸어 경의를 표했다. 이는 두 사람 사이에 이미 형성된 진실한 우정과 존중의 관계를 잘 보여 주는 표징이다. 그리고 프란치스코 교황이 성 베드로 광장에 모인 사람들에게 전임 교황을 위해 주님과 성모님에게 기도를 바치자고 청한 것은, 전임 교황이 그전에 새로 선임될 새 교황을 위해 바친 모든 기도와 간구에 답하는 감사의 표시였다. 그러나 이것은 프란치스코 교황이 앞으로 자신의 직무와 관련해 어떤 사항을 결정할 때 전임 교황의 의견을 물어야 한다는 의미는 아니다. 교황의 통치권은 완전하며 절대적이고, 바티칸의 벽에 둘러싸여 있을지라도 교황은 전임자와 예외적인 관계를 유지하는 데 스스로 적절하다고 판단되는 방식으로 행동할 것이다.

교황궁내원 장관 게오르그 겐스바인에게서 통고받은 것을 페데리코 롬바르디 신부가 발표했음에도 불구하고, 공식적으로 베네딕토 16세에게 주어졌던 호칭과 관련된 의문이 하나 남아 있다. 베네딕토 16세는 계속 '성하'로 불리고 '명예 교황' 또는 '명예 로마 교황'[18]의 자격을 지닐 것이다. 그렇다고 해서 문제가 모두 다 해결된 것처럼 보이지는 않는다. 유수의 교회법 전문가들이 그 호칭에 의문을 제기하며 결론적으로 다른 호칭들을 제안했다. 수용되지 않은 제안 하나는, '전 교황 요셉 라칭거'인데, 이는 베네딕토 16세라는 이름을 교황 관련 문서와 그의 이전 활동에만 제한시키는 것이다. 한편 잔프랑코 기를란다[19] 신부는 '로마의 명예 주교'라는 호칭을 제안했다.

기를란다 신부는 예수회에서 발행하는 권위 있는 잡지 〈치빌타 가톨리카 Civilltà Cattolica〉에서 다음과 같이 구체적으로 그것을 설명했다. "죽

---

18) 한국주교회의는 전임 교황으로 부르기로 했으나 본문 문맥상 '명예교황'으로 번역한다. – 편집자 주
19) Gianfranco Ghirlanda : 예수회 회원, 그레고리안 대학 총장 및 교회법학부 학장(1995–2004년) 역임.

음으로 교황직에서 물러나는 것이 아닌 분의 경우에는 결과적으로 주교로 돌아가는 것이지, 더 이상 교황이 아닙니다. 교황으로서의 모든 수위권을 상실하기 때문입니다. 수위권은 주교단의 안수에 의해서가 아니라 적법한 선출의 수용을 통해 그리스도에게서 직접 오는 것입니다." 프란치스코 교황 역시 성 베드로 성당에서 교황 선거가 끝난 뒤에 곧 베네딕토 16세 교황을 '전임 주교'라고 불렀다.

어쨌든 이러한 사임의 선례는 미래에도 표지가 될 것이다. 2010년부터 자신의 전기를 쓰고 있던 전기 작가 페터 제발트Peter Seewald에게 당시 교황 라칭거가 했던 다음과 같은 말은 미래의 교황들의 머리 위에 매달린 '다모클레스의 검'[20]처럼 그들에게도 정확한 기준이 될 것이다. "교황 자신이 신체적으로나 정신적으로, 영적으로 자신에게 맡겨진 직무를 수행하기에 더 이상 적절하지 않다고 분명하게 식별한다면 자신의 직무를 사임할 권리와 의무가 있다."

한편 많은 사람들의 뇌리에 베네딕토 16세가 2005년 4월 24일 자신의 교황 즉위식 미사에서 한 말이 떠올랐다. "저를 위해 기도해 주십시오. 그리하여 제가 늑대들 앞에서 두려워하며 도망하지 않게 해 주십시

---

[20] 다모클레스의 검은 말총 한 올에 매달린 검 아래로 자리 잡고 있다는 위험한 상황을 일컫는 말. 기원전 4세기경 시라쿠사의 독재자 디오니시오스 1세는 다모클레스를 연회에 초대하고 자신의 권좌에 앉게 했다. 그 권좌 위로 말총 한 올에 검이 대롱대롱 매달려 흔들리고 있었다. 비서인 다모클레스가 모골이 송연하도록 권좌의 위험을 느끼게 해, 자신의 권좌가 불안 속에 유지되고 있음을 가르쳤다. 키케로가 연설에서 인용해 유명해졌으며, 미국 케네디 대통령이 핵전쟁의 위험을 경고하기 위해 연설 중에 사용했다. - 편집자 주

오." 그러나 그 자신과 수많은 평론가들의 평가처럼 교황이 비겁한 행동을 취하지 않았음을 확실하게 보여 주었다. 오히려 그는 자신의 양들을 사랑하는 목자로서 책임을 지는 모습을 보여 주었다. 따라서 우리는 이제 바티칸에서 전임 교황과 현 교황이 공존하고 있는 모습을 그리게 되었다. 그 모습은 여호수아에게 도움을 약속한 모세와 그 약속을 믿고 아말렉 족과 싸움에 임하는 여호수아의 이야기를 전해 주는 탈출기 (17,9-11)를 연상시킨다. "내일 내가 하느님의 지팡이를 손에 잡고 언덕 꼭대기에 서 있겠다. …모세가 손을 들면 이스라엘이 우세하고, 손을 내리면 아말렉이 우세하였다." 프란치스코 교황은 교회를 인도하고 통치할 것이며, 베네딕토 16세는 기도 가운데서 늘 그와 동행할 것이다.

부록

교황과 대립교황

새 교황 프란치스코는 사도 베드로의 265번째 후계자로, 예수님은 카이사리아의 필리피에서 베드로를 교회의 머리로 세웠다. 베드로가 교회의 수장이 된 내용은 마태오 복음서 16장에서 볼 수 있다. "예수님께서 '그러면 너희는 나를 누구라고 하느냐?' 하고 물으시자, 시몬 베드로가 '스승님은 살아 계신 하느님의 아드님 그리스도이십니다.' 하고 대답하였다." 그러자 예수님께서 그에게 이르셨다. "시몬 바르요나야, 너는 행복하다! 살과 피가 아니라 하늘에 계신 내 아버지께서 그것을 너에게 알려 주셨기 때문이다. 나 또한 너에게 말한다. 너는 베드로이다. 내가 이 반석 위에 내 교회를 세울 터인즉, 저승의 세력도 그것을 이기지 못할 것이다. 또 나는 너에게 하늘나라의 열쇠를 주겠다. 그러니 네가 무엇이든지 땅에서 매면 하늘에서도 매일 것이고, 네가 무엇이든지 땅에서 풀면 하늘에서도 풀릴 것이다."

이탈리아 주교회의 주석 성경에서 설명하고 있듯이, 베드로의 사명은 세 가지 모습으로 정의된다. "첫째, 베드로는 반석이다. 그 반석 위에 눈에 보이는 교회 공동체가 형성된다. 둘째, 베드로에게 권위와 책임을 상징하는 열쇠가 주어진다. 셋째, 베드로는 '매고' '푸는' 권한을 가졌다. '매다'와 '풀다'라는 표현은 유다교 랍비들이 사용하는 것으로, 금지와 허락(교도권의 기능), 공동체에서 내쫓거나 다시 받아들이는 것(훈육의 기능)을 가리킨다.

1075년부터 그리스어 'papas'(아버지)라는 단어에서 유래한 'papa'(교황)라는 말이 독점적으로 로마 주교를 가리키는 용어로 사용되어 왔다. 그레고리오 7세가 '교황 훈령'(Dictatus Papae – '교황의 말씀'이라는 문서)에서 "그 이름은 전 세계에서 유일하다."(Quod hoc unicum est nomen in mundo)라고 하며 베드로의 후계자에게 '교황'이라는 말을 사용하도록 했기 때문이다. 베드로의 후계자를 가리키는 다른 호칭은 라틴어 '폰티펙스'(pontifex : '다리pons'와 '만들다facere'의 합성어)로, '다리를 놓는 사람'이라는 의미를 부여한다. '교황청 연감Annuario Pontifici'에서 제시한 교황에 대한 정의는 가장 길며 아주 상세하다. 그는 "로마의 주교, 예수 그리스도의 대리자, 사도의 우두머리인 베드로의 후계자, 보편 교회의 수장, 서방 교회 총 대주교, 이탈리아 교회의 수석주교, 로마관구의 대주교이자 관구장, 바티칸 시국의 원수"이다. 그리고 마지막에 상징적인 칭호인 '하느님의 종들의 종Servus Servorum Dei'이라고 정의한다. 이 호칭은 성 대 그레고리오 교황(590-604년)이 처음으로 사용하였으며, 철저한 낮춤을 나타낸다.

1059년의 니콜라오 2세 교황령 이후 거의 1000년 가까이, 교황을 선출할 수 있는 자격은 추기경들에게만 주어져 있다. 현재의 교황 선거 규정은 요한 바오로 2세가 1996년에 '주님의 양 떼Universi dominici gregis'라는 교황령에서 정해 놓았고 베네딕토 16세에 의해 보완되었다. 교황 선출 비밀 선거인 콘클라베에는 80세 이하의 추기경들이 최대 120명까지 투표인단이 될 수 있고, 교황에 선출되려면 투표수 2/3 이상을 득표해야 한다.

교회법은 로마 대주교, 즉 교황이 "교회에서 최고의 완전하고 직접적이며 보편적인 직권을 가지며, 이를 언제나 자유로이 행사할 수 있다."라고 설명하고 있다. 최고 목자의 임무 수행 중 "다른 주교들과 모든 교회와 친교로 항상 결합되어 있다. 교황은 교회의 필요에 따라 그러한 직무를 수행하는 방법을 개인적으로 할 것인지 합의체적으로 할 것인지 결정할 권리가 있다."

가톨릭 교리문답서에 따르면, 교황은 자신의 고유한 직무에 의해 신앙과 전통에 있어서 무류성을 지닌다. "믿음 안에서 형제들을 승인하는 교회 최고의 목자이며 모든 신자들의 박사인 교황이 결정적으로 신앙과 도덕의 문제와 관련된 가르침을 선언할 때 오류가 있을 수 없다."

교황의 관저는 바티칸의 교황궁으로, 1198년 인노첸시오 3세가 건축했다. 교황의 개인 거처는 교황궁 3층에 있다. 그곳 발코니에서 교황은 삼종기도(또는 부활 삼종기도)를 바치며 신자들을 만난다. 연중 얼마 동안 교황은 로마 외곽 알바니 언덕에 있는 교황의 별장 카스텔 간돌포에 머무른다.

교황이 공식 문서에 서명할 때 사용하는 '어부의 반지'에는 당대의 교황

이름과 배에서 그물을 던지고 있는 성 베드로의 모습이 새겨져 있다. 교황의 재위 기간이 끝나면 그 반지와 반지의 인장은 교황 문서에 날인하기 위한 두 개의 양각 스탬프와 그 모형과 함께 파기된다. 교황 서명에는 교황의 이름 옆에 'P.P.'라는 약어가 붙는다. 이는 '목자들의 목자Pastor Pastorum', 곧 주교들의 목자를 뜻한다.

가톨릭교회 역사에는 전부 263명의 교황 이름이 올라와 있는데, 이것은 베네딕토 9세가 세 번에 걸쳐 다른 시기에 교황의 자리에 오르면서 교황 연감에 세 번 등장하고 있기 때문이다. 그들 가운데 37명의 대립교황, 곧 교회법에 의해 적법하게 선출되지 않고 교황 자리에 올라 교황의 권위와 역할을 남용하는 사람들이 포함되어 있다. 그 가운데 때로는 선의에 의한 경우도 있다. 교황 연대표에는 레오 8세(963-965년)와 베네딕토 5세(964-964년/965년)를 둘 다 적법한 절차를 거친 교황에 포함시켰다. 한 명만 적법한데 그 둘 중 누가 그런지 확실하게 알 수 없다.

가장 오랫동안 교황직에 머물렀던 교황은 비오 9세로, 1만 1559일 동안 통치했다. 반면 제일 장수한 교황은 레오 13세로, 93년 4개월을 살고 선종했다. 533년 이교도 신과 연관된 이름을 버리기 위해 메르쿠리오 교황은 자신을 요한 2세라는 이름으로 부르게 해, 교황이 교황명을 선택하는 용례를 만들었다. 지금까지 선택된 교황명은 모두 82가지인데 그 가운데 47가지의 이름은 한 번씩만 사용되었다. 요한 바오로라는 이름은 두 번 사용되었다. 가장 많이 선택된 이름은 요한으로 23회, 그레고리오와 베네딕토

교황과 대립교황 111

가 각각 16회, 클레멘스는 14회, 인노첸시오와 레오가 13회, 비오가 12회였다.

다음 교황 명단은 연대 순서로 정리되어 있으며, 대립교황은 별표*를 붙여 표시했다. 교황의 출신지 다음에 오는 숫자는 재임 기간을 나타낸다. 첫 두 세기는 확실치 않다. 교황명을 선택한 교황의 경우에는 세속에서의 이름을 출신지 다음 괄호 안에 적어 놓았다.

성 베드로 : 벳사이다, 약 30-67년

성 리노 : 토스치아, 68-79년

성 아나클레토 또는 클레토 : 로마, 80-92년

성 클레멘스 : 로마, 92-99년(또는 68-76년)

성 에바리스토 : 그리스, 96/99-108년

성 알렉산데르 1세 : 로마 108/109-116/119년

성 식스토 1세 : 로마, 117/119-126/128년

성 텔레스포로 : 그리스, 127/128-137/138년

성 히지노 : 그리스, 138-142/149년

성 비오 1세 : 아퀼레이아, 142/146-157/161년

성 아니체토 : 시리아의 에메사, 150/157-163/168년

성 소테로 : 캄파니아, 162/168-170/177년

성 엘레우테리오 : 에피루스의 니코폴리, 171/177-185/193년

성 빅토리오 1세 : 아프리카, 186/189-197/201년

성 제피리노 : 로마, 198-217/218년

성 갈리스토 1세 : 로마, 218-222년

*성 히폴리토 : 로마, 217-235년

성 우르바노 1세 : 로마, 222-230년

성 폰시아노 : 로마, 230년 7월 21일-235년 9월 28일

성 안테로 : 그리스, 235년 11월 21일-236년 1월 3일

성 파비아노 : 로마, 236년- 250년 1월 20일

성 고르넬리오 : 로마, 251년 3월 6일/13일-253년 6월

*노바치아노 : 로마, 251년

성 루치오 1세 : 로마 253년 6/7월-254년 3월 5일

성 스테파노 1세 : 로마, 254년 3월 12일-257년 8월 2일

성 식스토 2세 : 그리스, 257년 8월 30일-258년 8월 6일

성 디오니시오 : 불명, 259년 7월 22일-268년 7월 26일

성 펠릭스 1세 : 로마, 269년 1월 5일-274년 7월 30일

성 에우티키아노 : 이탈리아 루니, 275년 1월 4일-283년 12월 7일

성 카이오 : 달마타, 283년 12월 17일-296년 4월 22일

성 마르첼리노 : 로마, 296년 6월 30일-304년 10월 25일

성 마르첼로 1세 : 로마, 306년-309년 1월 16일

성 에우세비오 : 그리스, 309년 4월 18일-309년 8월 17일

성 밀티아데스 또는 멜키아데스 : 아프리카, 311년 7월 2일-314년 1월 10일

성 실베스테르 1세 : 로마, 314년 1월 31일-335년 12월 31일

성 마르코 : 로마, 336년 1월 18일-336년 10월 7일

성 율리오 1세 : 로마, 337년 2월 6일-352년 4월 12일

리베리오 : 로마, 352년 5월 17일-366년 9월 24일

*펠릭스 2세 : 로마, 355년-365년 11월 22일

성 다마소 1세 : 스페인, 366년 10월 1일-384년 12월 11일

*우르시아노 : 로마, 366년 9월 24일-367년

성 시리치오 : 로마, 384년 12월 15/22/29일-399년 11월 26일

성 아나스타시오 1세 : 로마, 399년 11월 27일-401년 12월 19일

성 인노첸시오 1세 : 알바노, 401년 12월 22일-417년 3월 12일

성 조시모 : 그리스, 417년 3월 18일-418년 12월 26일

성 보니파시오 1세 : 로마, 418년 12월 28일-422년 9월 4일

*에우랄리오 : 불명, 418년 12월 27일-419년 4월 3일

성 첼레스티노 1세 : 이탈리아 캄파니아, 422년 9월 10일-432년 7월 27일

성 식스토 3세 : 로마, 432년 7월 31일-440년 8월 19일

성 레오 1세 : 토스치아, 440년 9월 29일-461년 11월 10일

성 힐라리오 : 사르도, 461년 11월 19일-468년 2월 29일

성 심플리치오 : 티볼리, 468년 3월 3일-483년 3월 10일

성 펠릭스 3세(2세) : 로마, 483년 3월 13일-492년 2월 25일/3월 1일

성 젤라시오 1세 : 아프리카, 492년 3월 1일-496년 11월 21일

아나스타시오 2세 : 로마, 496년 11월 24일-498년 11월 19일

성 심마코 : 사르도, 498년 11월 22일-514년 7월 19일

*라우렌시오 : 불명, 498년 11월 22일-499년. 502년-506년

성 호르미스다스 : 이탈리아 프로시노네, 514년 7월 20일-523년 8월 6일

성 요한 1세 : 토스카나, 523년 8월 13일-526년 5월 18일

성 펠릭스 4세/3세 : 이탈리아 삼니움, 526년 7월 12일-530년 9월 20/22일

보니파시오 2세 : 로마, 530년 9월 22일-532년 10월 17일

*디오스코로 : 알렉산드리아, 530년 9월 20/22일-530년 10월 14일

요한 2세 : 로마(메르쿠리오), 532년 12월 31일-535년 5월 8일

성 아가피토 1세 : 로마, 535년 5월 13일-536년 4월 22일

성 실베리오 : 캄파니아, 536년 6월 8일-537년

비질리오 : 로마, 537년 3월 29일-555년 6월 4일

펠라지오 1세 : 로마, 556년 4월 16일-561년 3월 4일

요한 3세 : 로마, 561년 7월 17일-574년 7월 13일

베네딕토 1세 : 로마, 575년 6월 2일-579년 7월 30일

펠라지오 2세 : 로마, 579년 11월 26일-590년 2월 7일

성 그레고리오 1세 : 로마, 590년 9월 3일-604년 3월 12일

사비니아노 : 투스치아의 블레라, 604년 3월-606년 2월 22일

보니파시오 3세 : 로마, 607년 2월 19일-607년 11월 10일

성 보니파시오 4세 : 이탈리아 마르시, 608년 8월 25일-615년 5월 8일

성 데우스데디트 또는 아데오다토 1세 : 로마, 615년 10월 19일-618년 11월 8일

보니파시오 5세 : 나폴리, 619년 12월 23일-625년 10월 23일

호노리오 1세 : 캄파니아, 625년 10월 27일-638년 10월 12일

세베리노 : 로마, 638년 10월-640년 8월 2일

요한 4세 : 달마티아, 640년 8월-642년 10월 12일

테오도로 1세 : 그리스, 642년 10월 12일-649년 5월 14일

성 마르티노 1세 : 토디, 649년 7월 5일-653년 9월 16일

성 에우제니오 1세 : 로마, 654년 8월 10일-657년 6월 2일

성 비탈리아노 : 이탈리아 세니, 657년 7월 30일-672년 1월 27일

아데오다토 2세 : 로마, 672년 4월 11일-676년 6월 16일

도노 : 로마, 676년 11월 2일-678년 4월 11일

성 아가토 : 시칠리아, 678년 6월 27일-681년 1월 10일

성 레오 2세 : 시칠리아, 681년 1월-683년 7월 3일

성 베네딕토 2세 : 로마, 684년 6월 26일-685년 5월 8일

요한 5세 : 시리아, 685년 7월 23일-686년 8월 2일

코논 : 불명, 686년 10월 23일-687년 9월 21일

*테오도로 : 로마, 687년

*파스칼 : 로마, 687년

성 세르지오 1세 : 시리아, 687년 12월 15일-701년 9월 7일

요한 6세 : 그리스, 701년 10월 30일-705년 1월 11일

요한 7세 : 그리스, 705년 3월 1일-707년 10월 18일

시신니오 : 시리아, 708년 1월 15일-708년 2월 4일

콘스탄티노 : 시리아, 708년 3월 25일-715년 4월 9일

성 그레고리오 2세 : 로마, 715년 5월 19일-731년 2월 11일

성 그레고리오 3세 : 시리아, 731년 3월 18일-741년 11월 28일

성 자카리아 : 그리스, 741년 12월 3일-752년 3월 15일

스테파노 2세(3세) : 로마, 752년 3월 26일-757년 4월 26일

성 바오로 1세 : 로마, 757년 4월-767년 6월 28일

*코스탄티노 : 이탈리아 네피, 767년 6월 28일-768년 7월 30일

*필립보 : 로마, 768년 7월 31일

스테파노 3세(4세) : 시칠리아, 768년 1월-772년 1월 24일

하드리아노 1세 : 로마, 772년 1월-795년 12월 25일

성 레오 3세 : 로마, 795년 12월 26일-816년 6월 12일

스테파노 4세(5세) : 로마, 816년 6월 22일-817년 1월 24일

성 파스칼 1세 : 로마, 817년 1월 25일-824년 2월

에우제니오 : 로마, 824년 2월-827년 8월

발렌티노 : 로마, 827년 8월-827년 9월

그레고리오 4세 : 로마, 827년 9월-844년 1월 25일

*요한 : 로마, 844년 1월 25일

세르지오 2세 : 로마, 844년 1월 25일-847년 1월 27일

성 레오 4세 : 로마, 847년 1월-855년 7월 17일

베네딕토 3세 : 로마, 855년 7월-858년 4월 17일

*아나스타시오(도서관장) : 로마, 855년 9월 21일-878년

성 니콜라오 1세 : 로마, 858년 4월 24일-867년 11월 13일

하드리아노 2세 : 로마, 867년 12월 14일-872년 11월

요한 8세 : 로마, 872년 12월 14일-882년 12월 16일

마리노 1세 : 이탈리아 갈레제, 882년 12월-884년 5월 15일

성 하드리아노 3세 : 로마, 884년 5월 17일-885년 8월/9월

스테파노 5세(6세) : 로마, 885년 9월-891년 9월 14일

포르모소 : 포르투스, 891년 10월 6일-896년 4월 4일

보니파시오 6세 : 로마, 896년 4월 11일-896년 4월 26일

스테파노 6세(7세) : 로마, 896년 5월/6월-897년 7월/8월

로마노 : 이탈리아 갈레제, 897년 7월/8월-897년 11월

테오도로 2세 : 로마, 897년 12월-897년12월/898년 1월

요한 9세 : 티볼리, 897년 12월/898년 1월-900년 5월 1일

베네딕토 4세 : 로마, 900년 5월 1일-903년 7월

레오 5세 : 아르데아, 903년 7월-903년 9월

*크리스토포로 : 로마, 903년 9월-904년 1월

세르지오 3세 : 로마, 904년 1월 29일-911년 4월 14일

아나스타시오 3세 : 로마, 911년 6월/9월-913년 6월/8월/10월

란도 : 사비나, 913년 7월/11월-914년 3월

요한 10세 : 이탈리아 토시냐노, 914년 3월/4월-928년5/6월

레오 6세 : 로마, 928년 5/6월- 928년 12월/929년 1월

스테파노 7세(8세) : 로마, 929년 1월-931년 2월

요한 11세 : 로마, 931년 3월-936년 1월

레오 7세 : 로마, 936년 1월-939년 7월 13일

스테파노 8세(9세) : 로마, 939년 7월 14일-942년 10월

마리노 2세 : 로마, 942년 10월 30일-946년 5월

아가피토 2세 : 로마, 946년 5월 10일-955년 12월

요한 12세 : 투스콜룸, 955년 12월 16일-963년 5월 14일

레오 8세 : 로마, 963년 12월 4일-965년 3월

베네딕토 5세 : 로마, 964년 5월-964년/965년 7월 4일

요한 13세 : 로마, 965년 10월 1일-972년 9월 6일

베네딕토 6세 : 로마, 972년 12월-974년 7월

*보니파시오 7세 : 로마(프란코네), 974년 6월-974년 7월, 984년 8월-985년 7월 20일

베네딕토 7세 : 로마, 974년 10월-983년 7월 10일

요한 14세 : 파비아(피에트로), 983년 11월/12월-984년 8월 20일

요한 15세 : 로마, 985년 8월-996년 3월

그레고리오 5세 : 색소니아(브루노), 996년 5월 3일-999년 2월/3월

*요한 16세 : 이탈리아 로사노(조반니 필라가토), 997년 2월/3월-998년 5월

실베스테르 2세 : 알베르니아(제르베르토), 999년 4월 2일-1003년 5월 12일

요한 17세 : 로마(시코네), 1003년 5월 16일-1003년 11월 6일

요한 18세 : 로마(파사노), 1003년 12월 25일-1009년 6월/7월

세르지오 4세 : 로마(베드로), 1009년 7월 31일-1012년 5월 12일

베네딕토 8세: 투스콜룸, 1012년 5월 18일-1024년 4월 9일

*그레고리오 : 로마, 1012년 5월-1012년 7월

요한 19세 : 투스콜룸, 1024년 4월 19일-1032년

베네딕토 9세 : 투스콜룸, 1032년 8월/9월-1044년 9월

실베스테르 3세 : 로마(조반니), 1045년 1월 13일/20일-1045년 3월

베네딕토 9세 : 투스콜룸, 1045년 3월 10일-1045년 5월 1일

그레고리오 6세 : 로마(조반니 그라지아노), 1045년 5월 1일-1046년 12월 20일

클레멘스 2세 : 색소니아(수이드거), 1046년 12월 24일-1047년 10월 9일

베네딕토 9세 : 투스콜룸, 1047년 10월-1048년 7월

다마소 2세 : 바비에라(포포네), 1048년 7월 17일-1048년 8월 9일

성 레오 9세 : 에기스하임닥스부르크(브루노), 1049년 2월 2일-1054년 4월 19일

빅토리오 2세 : 돌른슈타인히르슈베르크, 1055년 4월 13일-1057년 7월 28일

스테파노 9세(10세) : 로레나(프레데릭), 1057년 8월 2일-1058년 3월 29일

*베네딕토 10세 : 로마(조반니), 1058년 4월 5일-1059년 1월

니콜라오 2세 : 부르군드(제라르도), 1058년 12월-1061년 7월 27일

알렉산데르 2세 : 이탈리아 바지오, 1061년 9월 30일-1073년 4월 21일

*호노리오 2세 : 베로나(카달로), 1061년 10월 28일-1064년 5월 31일

성 그레고리오 7세 : 투스치아, 1073년 4월 22일-1085년 5월 25일

*클레멘스 3세 : 이탈리아 파르마(비베르토), 1080년 6월 25일-1100년 9월 8일

복자 빅토리오 3세 : 베네벤토, 1086년 5월 24일-1087년 9월 16일

복자 우르바노 2세 : 프랑스, 1088년 3월 12일-1099년 7월 29일

파스칼 2세 : 이탈리아 비에다(라니에로), 1099년 8월 13일-1118년 1월 21일

*테오데리코 : 알바니아 주교, 1100년

*알베르토 : 사비나 주교, 1101년

*실베스테르 4세 : 로마(마지눌포), 1105년 11월 18일-1111년 4월 12일/13일

젤라시오 2세 : 가에타, 1118년 1월 24일-1119년 1월 28일

*그레고리오 8세 : 프랑스(마우리지오 부르디노), 1118년 3월 10일-1121년 4월 22일

갈리스토 2세 : 보르고냐(귀도), 1119년 2월 2일-1124년 12월 13일/14일

호노리오 2세 : 이탈리아 피아냐노(람베르토 스칸나베키), 1124년 12월 15일-1130년 2월 13일/14일

*첼레스티노 2세 : 로마(테발도 부카페쿠스), 1124년 12월

인노첸시오 2세 : 로마(그레고리오 파파레스키), 1130년 2월 14일-1143년 9월 24일

*아나클레토 2세 : 로마(피에트로 피에레오니), 1130년 2월 14일-1138년 1월 25일

*빅토리오 4세 : 이탈리아 체카노(그레고리오), 1138년 3월-1138년 5월 29일

첼레스티노 2세 : 치타디카스텔로(귀도), 1143년 9월 26일-1144년 3월 8일

루치오 2세 : 볼로냐(제라르도), 1144년 3월 12일-1145년 2월 15일

복자 에우제니오 3세 : 피사(베르나르도), 1145년 2월 15일-1153년 7월 8일

아나스타시오 4세 : 로마(코라도), 1153년 7월 12일-1154년 12월 3일

하드리아노 4세 : 영국(니콜라스 브릭스피어), 1154년 12월 4일-1159년 9월 1일

알렉산데르 3세 : 이탈리아 시에나(롤란도 반디넬리), 1159년 9월 7일-1181년 8월 30일

*빅토리오 4세 : 이탈리아 몬테첼리오(오타비아노 데이 시노리 디 몬테첼리오), 1159년 9월 7일-1164년 4월 20일

*파스칼 3세 : 크림(귀도), 1164년 4월 22일-1168년 9월 20일

*칼리스토 3세 : (조반니 아바테 디 스트루미), 1168년 9월-1178년 8월 29일

*인노첸시오 3세 : 세체(란도), 1179년 9월 29일-1180년 1월 1일

루치오 3세 : 루카(우발도 알루친골리), 1181년 1월-1185년 11월 25일

우르바노 3세 : 밀라노(우베르토 크리벨리), 1185년 11월 25일-1187년 10월 20일

그레고리오 8세 : 베네벤토(알베르토 디 모라), 1187년 10월 21일-1187년 12월 17일

클레멘스 3세 : 로마(피에트로 스콜라리), 1187년 12월 19일-1191년 3월

첼레스티노 3세 : 로마(지아친도 보보네), 1191년 4월 10일-1198년 1월 8일

인노첸시오 3세 : 로마(로타리오 데이 콘티 디 센니), 1198년 1월 8일-1216년 7월 16일

호노리오 3세 : 로마(첸치오), 1216년 7월 18일-1227년 3월 18일

그레고리오 9세 : 아나니(우골리노 데이 콘티 디 센니), 1227년 3월 19일-1241년 7월 22일

첼레스티노 4세 : 밀라노(고프레도 다 카스틸리오네), 1241년 10월 25일-1241년 11월 10일

인노첸시오 4세 : 제노바(시니발도 피에스키), 1243년 6월 25일-1254년 7월 7일

알렉산데르 4세 : 로마(리날도 데이 시노리 디 이엔네), 1254년 12월 25일-1261년 5월 25일

우르바노 4세 : 트로이(자크 팡탈레옹), 1261년 8월 29일-1264년 10월 2일

클레멘스 4세 : 프랑스(귀도 푸코아), 1265년 2월 5일-1268년 11월 29일

복자 그레고리오 10세 : 피아첸차(테달도 비스콘티), 1271년 9월 1일-1276년 1월 10일

복자 인노첸시오 5세 : 사보이(피에르 드 타랑테즈), 1276년 1월 21일-1276년 6월 22일

하드리아노 5세 : 제노바(오토보노 피에스키), 1276년 7월 11일-1276년 8월 18일

요한 21세 : 포르투갈(페드로 훌리아), 1276년 9월 16일-1277년 5월 20일

니콜라오 3세 : 로마(조반니 가에타노 오르시니), 1277년 11월 25일-1280년 8월 22일

마르티노 4세 : 프랑스(시몬 드 브리옹), 1281년 2월-1285년 3월 29일

호노리오 4세: 로마(자코모 사벨리), 1285년 4월 2일-1287년 4월 3일

니콜라오 4세 : 아스콜리(지롤라모), 1288년 2월 22일-1292년 4월 4일

성 첼레스티노 5세 : 이제르니아(피에트로 델 모로네), 1294년 7월 5일-1294년 12월 13일

보니파시오 8세 : 아나니(베네데토 가에타니), 1294년 12월 24일-1303년 10월 1일

복자 베네딕토 11세 : 트레비소(니콜로 디 보카시오), 1303년 10월 22일-1304년 7월 7일

클레멘스 5세 : 프랑스(베르트랑 드 고트), 1305년 6월 5일-1314년 4월 20일

요한 22세 : 카로흐(자크 뒤즈), 1316년 8월 7일-1334년 12월 4일

*니콜라오 5세 : 코르바로(피에트로 리날두치), 1328년 5월 12일-1330년 8월 25일

베네딕토 12세 : 프랑스(자크 푸르니에), 1334년 12월 20일-1342년 4월 25일

클레멘스 6세 : 프랑스(피에르 로제), 1342년 5월 7일-1352년 7월 6일

인노첸시오 6세 : 프랑스(에티엔느 오베르), 1352년 7월 18일-1362년 9월 12일

복자 우르바노 5세 : 프랑스(기욤 드 그리모아르), 1362년 9월 28일-1370년 12월 19일

그레고리오 11세 : 프랑스(피에르 로제 드 보포르), 1370년 12월 30일-1378년 3월 26일

우르바노 6세 : 나폴리(바르톨로메오 프리냐노), 1378년 4월 8일-1389년 10월 15일

보니파시오 9세 : 나폴리(피에트로 토마첼리), 1389년 11월 2일-1404년 10월 1일

인노첸시오 7세 : 술모나(코스마 밀리오라티), 1404년 10월 17일-1406년 11월 6일

그레고리오 12세 : 베네치아(안젤로 코레르), 1406년 11월 30일-1415년 7월 4일

*클레멘스 7세 : 제네바(로베르토 데이 콘티 제네바), 1378년 9월 20일-1394년 9월 16일

*베네딕토 13세 : 일루에카(피에트로 마르티네즈 데 루나), 1394년 9월 28일-1422년 9월 29일/1423년 5월 23일

*알렉산데르 5세 : 카레(피에트로 필라르지스), 1409년 6월 26일-1410년 5월 3일

*요한 23세 : 나폴리(발다사레 코사), 1410년 5월 17일-1415년 5월 29일

마르티노 5세 : 로마(오도네 콜론나), 1417년 11월 11일-1431년 2월 20일

에우제니오 4세 : 베네치아(가브리엘레 콘둘메르), 1431년 3월 3일-1447년 2월 23일

*펠릭스 5세 : 샹베리(아메데오 8세), 1439년 11월 5일-1449년 4월 7일

니콜라오 5세 : 사르자나(토마소 파렌투첼리), 1447년 3월 6일-1455년 3월 24일

갈리스토 3세 : 발렌시아(알론소 보르자), 1455년 4월 8일-1458년 8월 6일

비오 2세 : 시에나(에네아 실비오 피콜로미니), 1458년 8월 19일-1464년 8월 14일

바오로 2세 : 베네치아(피에트로 바르보), 1464년 8월 30일-1471년 7월 26일

식스토 4세 : 사보나(프란체스코 델라 로베레), 1471년 8월 9일-1484년 8월 12일

인노첸시오 8세 : 제노바(조반니 바티스타 치보), 1484년 8월 29일-1492년 7월 25일

알렉산데르 6세 : 발렌시아(로드리고 데 보르자), 1492년 8월 11일-1503년 8월 18일

비오 3세 : 시에나(프란체스코 토데스키니-피콜로미니), 1503년 9월 22일-1503년 10월 18일

율리오 2세 : 사보나(줄리아노 델라 로베레), 1503년 11월 21일-1513년 2월 21일

레오 10세 : 피렌체(조반니 데 메디치), 1513년 3월 11일-1521년 12월 1일

하드리아노 6세 : 위트레흐트(아드리안 플로렌츠 데달), 1522년 1월 9일-1523년 9월 14일

클레멘스 7세 : 피렌체(줄리오 데 메디치), 1523년 11월 19일-1534년 9월 25일

바오로 3세 : 로마(알렉산드로 파르네제), 1534년 10월 13일-1549년 11월 10일

율리오 3세 : 로마(조반니 마리아 치오키 델 몬테), 1550년 2월 7일-1555년 3월 23일

마르첼로 2세 : 몬테풀치아노(마르첼로 체르비니), 1555년 4월 9일-1555년 5월 1일

바오로 4세 : 나폴리(조반니 피에트로 카라파), 1555년 5월 23일-1559년 8월 18일

비오 4세 : 밀라노(조반니 안젤로 메디치), 1559년 12월 26일-1565년 12월 9일

성 비오 5세 : 알렉산드리아(안토니오 기슬리에리), 1566년 1월 7일-1572년 5월 1일

그레고리오 13세 : 볼로냐(우고 본콤파니), 1572년 5월 13일-1585년 4월 10일

식스토 5세 : 그로탐마레(펠리체 페레티), 1585년 4월 24일-1590년 8월 27일

우르바노 7세 : 로마(잠바티스타 카스타냐), 1590년 9월 15일-1590년 9월 27일

그레고리오 14세 : 크레모나(니콜로 스폰드라티), 1590년 12월 5일-1591년 10월 16일

인노첸시오 9세 : 볼로냐(조반 안토니오 파키네티), 1591년 10월 29일-1591년 12월 30일

클레멘스 8세 : 이탈리아 파노(이폴리토 알도브란디니), 1592년 1월 30일-1605년 3월 3일

레오 11세 : 피렌체(알레산드로 데 메디치), 1605년 4월 1일-1605년 4월 27일

바오로 5세 : 로마(카밀로 보르게제), 1605년 5월 16일-1621년 1월 28일

그레고리오 15세 : 볼로냐(알레산드로 루도비지), 1621년 2월 9일-1623년 7월 8일

우르바노 8세 : 피렌체(마페오 바르바리니), 1623년 8월 6일-1644년 7월 29일

인노첸시오 10세 : 로마(조반니 바티스타 팜필리), 1644년 9월 15일-1655년 1월 7일

알렉산데르 7세 : 시에나(파비오 키지), 1655년 4월 7일-1667년 5월 22일

클레멘스 9세 : 이탈리아 피스토이아(줄리오 로스필리오지), 1667년 6월 20일-1669년 12월 9일

클레멘스 10세 : 로마(에밀리오 알티에리), 1670년 4월 29일-1676년 7월 22일

복자 인노첸시오 11세 : 코모(베네데토 오데스칼키), 1676년 9월 21일-1689년 8월 12일

알렉산데르 8세 : 베네치아(피에트로 오토보니), 1689년 10월 6일-1691년 2월 1일

인노첸시오 12세 : 베노사(안토니오 피냐텔리), 1691년 7월 12일-1700년 9월 27일

클레멘스 11세 : 우르비노(조반니 프란치스코 알바니), 1700년 11월 23일-1721년 3월 19일

인노첸시오 13세 : 로마(미켈란젤로 콘티), 1721년 5월 8일-1724년 3월 7일

베네딕토 13세 : 그라비나(피에트로 프란치스코[빈첸시오 마리아] 오르시니), 1724년 5월 29일-1730년 7월 12일

클레멘스 12세 : 피렌체(로렌조 코르시니), 1730년 7월 12일-1740년 2월 6일

베네딕토 14세 : 볼로냐(프로스페로 람베르티니), 1740년 8월 17일-1758년 5월 3일

클레멘스 13세 : 베네치아(카를로 레조니코), 1758년 7월 6일- 1769년 2월 2일

클레멘스 14세 : 리미니(조반니 빈첸시오 안토니오 간가넬리), 1769년 5월 19일-1774년 9월 22일

비오 6세 : 체제나(조반안젤로 브라스키), 1775년 2월 15일-1799년 8월 29일

비오 7세 : 체제나(바르나배[그레고리오] 키아라몬티), 1800년 3월 14일-1823년 8월 20일

레오 12세 : 파브리아노(안니발레 델라 젠가), 1823년 9월 28일-1829년 2월 10일

비오 8세 : 친골리(프란치스코 사베리오 카스틸리오니), 1829년 3월 31일-1830년 11월 30일

그레고리오 16세 : 벨루노(바르톨로메오 알베르토 카펠라리), 1831년 2월 2일-1846년 6월 1일

비오 9세 : 세니갈리아(조반니 마리아 마스타이 페레티), 1864년 6월 16일-1878년 2월 7일

레오 13세 : 아나니(빈첸시오 조아키노 페치), 1878년 2월 20일-1903년 7월 20일

성 비오 10세 : 트레비소(주세페 멜키오르 사르토), 1903년 8월 4일-1914년 8월 20일

베네딕토 15세 : 제노바(자코모 델라 키에사), 1914년 9월 3일-1922년 1월 22일

비오 11세 : 밀라노(아킬레 라티), 1922년 2월 6일-1939년 2월 10일

비오 12세 : 로마(에우제니오 파첼리), 1939년 3월 2일-1958년 10월 9일

복자 요한 23세 : 베르가모(안젤로 주세페 론칼리), 1958년 10월 28일-1963년 6월 3일

바오로 6세 : 콘체시오(조반니 바티스타 몬티니), 1963년 6월 21일-1978년 8월 6일

요한 바오로 1세 : 벨루노(알비노 루치아니), 1978년 8월 26일-1978년 9월 28일

복자 요한 바오로 2세 : 폴란드(카롤 보이티아), 1978년 10월 16일-2005년 4월 2일

베네딕토 16세 : 독일(요셉 라칭거), 2005년 4월 19일-2013년 2월 28일

프란치스코 : 아르헨티나(호르헤 마리오 베르골료), 2013년 3월 13일

참고 자료

- Jorge Mario Bergoglio, *Reflexiones de esperanza,* Ediciones Universidad del Salvador, Buenos Aires 1992.

- Jorge Mario Bergoglio, *Hambre y sed de justicia. Desafíos del Evangelio para nuestra patria,* Editorial Clarentiana, Buenos Aires 2001.

- Jorge Mario Bergoglio, *Educar: exigencia y pasión. Desafíos para educadores cristianos,* Editorial Clarentiana, Buenos Aires 2003.

- Jorge Mario Bergoglio, *Ponerse la patria al hombro,* Editorial Clarentiana, Buenos Aires 2004.

- Jorge Mario Bergoglio, *La nación por construir. Utopía, pensamiento y compromiso,* Editorial Clarentiana, Buenos Aires 2005.

- Jorge Mario Bergoglio - Abraham Skorka, *Sobre el cielo y la tierra,* Editorial Sudamericana, Buenos Aires 2010.

- Sergio Rubin - Francesca Ambrogetti, *El jesuita. Conversaciones con el cardenal Jorge Bergoglio,* Ediciones B, Buenos Aires 2010.